一本书读懂系列

智者不惑

一本书读懂 中国哲学

姜正成◎主编

中国财富出版社

图书在版编目（CIP）数据

智者不惑：一本书读懂中国哲学/姜正成主编. —北京：中国财富出版社，2016.3

（一本书读懂系列）

ISBN 978-7-5047-5977-1

Ⅰ.①智…　Ⅱ.①姜…　Ⅲ.①哲学史–中国–通俗读物

Ⅳ.①B2-49

中国版本图书馆 CIP 数据核字（2015）第 290279 号

策划编辑	张彩霞	责任编辑	张　静		
责任印制	方朋远	责任校对	梁　凡	责任发行	邢小波

出版发行	中国财富出版社	
社　　址	北京市丰台区南四环西路 188 号 5 区 20 楼	邮政编码　100070
电　　话	010-52227568（发行部）	010-52227588 转 307（总编室）
	010-68589540（读者服务部）	010-52227588 转 305（质检部）
网　　址	http://www.cfpress.com.cn	
经　　销	新华书店	
印　　刷	北京晨旭有限公司	
书　　号	ISBN 978-7-5047-5977-1 / B·0474	
开　　本	710mm×1000mm　1/16	版　次　2016 年 3 月第 1 版
印　　张	17.5	印　次　2016 年 3 月第 1 次印刷
字　　数	218 千字	定　价　38.00 元

前 言

　　哲学是一门研究世界观和方法论的学问，不论是哪个国家的哲学，其研究对象和范围并无太大差别。那么，中国古代哲学有没有自己的鲜明特点呢？当然有。因为一个民族的哲学正是这个民族思维方式的反映。所以，我们要想深入了解中国文化，必须读懂中国哲学。

　　中国古代哲学有如下特点：

　　第一，重伦理道德。生长于宗法氛围中的中国哲学，以孝悌等伦理关系为依托，着眼于解决宗法伦理问题。孔子不谈抽象问题，他的思想就是伦理哲学。无论是汉代董仲舒讲天有善善恶恶之心，"天生五谷以养人"，还是宋代程朱理学讲"天命之性""气质之性"的天理人欲之辨，都是将自然和社会伦理化。

　　第二，重现实人生。中国哲学家热衷于"究天人之际，通古今之变"，表现了深沉的历史责任感。"先天下之忧而忧，后天下之乐而乐"，"家事、国事、天下事，事事关心"，"天下兴亡，匹夫有责"都是他们思想问题的出发点。

　　第三，富于辩证思维。中国哲学讲求对立前提下的和合统一，儒家讲"生生之谓易"，"天行健，君子以自强不息"，强调事物发展变

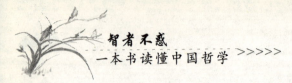

化的连续性和合理性。而变化发展的根源，在于阴阳的此消彼长，刚柔的相互激荡，"一阴一阳之谓道"，便是最好的理论概括。

第四，树立整体观念。中国哲学孜孜追求人与人的和谐，人与自然的和谐，把天、地、人看作统一的整体，以"人与天地万物为一体""天人合一"为最高境界。

第五，偏重直觉思想。中国古代哲学不重视形式上的精密论证，也没有形式上的条理系统。只注重生活的实证，或主体的直觉体验，体验良久，有所感悟，以前的种种疑惑豁然开朗，日常的经验得到贯通，这样也就有所得，所得所悟的记录就是传承至今的哲学著作。

中国哲学是博大精深的，以上几个特点远不能涵盖之。不过，中国哲学有其独特的精神面貌，这是毫无疑问的，在中华民族走向伟大复兴的今天，中国哲学将受到更多的重视，对人类文明发挥更大的影响。多读点哲学，可以使我们更加睿智，在人生道路上走得更加从容。

目 录
Contents

第八章　法家：冷峻的统治术

第九章　汉朝：独尊儒术的开始

第十章　魏晋南北朝：儒释道鼎立

第十一章 隋唐五代：三教合一

第十二章 宋元：理学的繁盛

第一章

夏朝、商朝和西周：走出古代宗教

　　中国古代哲学中，有一个长久的唯物主义的观念。印度哲学中生死轮回的观念很流行，西方哲学中灵魂不灭的观念也很有势力，中国哲学的情况却迥然不同。中国哲学家向来不看重生死问题。子路问死，孔子答道："未知生，焉知死？"孔子又讲过："朝闻道，夕死可矣。"在他看来，实现道德理想，比维持生命更为重要。中国哲学中也有"不朽"的观念。中国哲学中所谓"不朽"主要是指伟大人物的道德事业言论的长久影响。

中国古代哲学的特点

　　哲学是一门研究世界观和方法论的学问，不论是哪个国家的哲学，其研究对象和范围并无太大差别。那么，中国古代哲学有没有自己的鲜明特点呢？当然有。因为一个民族的哲学思想是和这个民族的文化有密切关系的，也就是民族文化的一个表现。中国哲学是中国五千年灿烂文化的重要组成部分，甚至是它的内在核心。所以，我们要想深入了解中国文化，必须读懂中国哲学。

　　中国古代哲学有如下特点：

　　第一，重伦理道德。与西方社会不同，中国社会跨入文明的门槛时，保留了氏族制的残余，统治者利用氏族血缘观念和亲情关系，发展了宗法制。宗法制在西周已经完备，成为社会结构的稳定因素之一，影响了此后整个中国古代的社会。生长于宗法氛围中的中国哲学，必然以孝悌的伦理关系为依托，并着眼于解决宗法伦理问题。历代哲学家谈天说地论人，始终带有浓厚的伦理色彩。无论是汉代董仲舒讲天有善善恶恶之心，"天生五谷以养人"，还是宋代程朱理学讲"天命之性""气质之性"的天理人欲之辨，都是将自然和社会伦理化。孔子

"仁者爱人"的说教，北宋张载"民胞物与"的思想，更是渗透了伦理精神。

第二，重现实人生。中国哲学家热衷于"究天人之际，通古今之变"，表现了深沉的历史责任感。汉代董仲舒"正其谊不谋其利，明其道不计其功"，鼓吹天人感应，是为了封建统治"传之罔极"。宋代理学家大讲"理一分殊"，存天理、灭人欲，目的是"为天地立心，为生民立命，为往圣继绝学，为万世开太平"。墨家学派忧世风日下，患民生艰难，要遵道利民，最终尚同于天子。这些都反映了哲学家们热心政治，其学说具有强烈的社会现实性的特点。经过历史的淘洗，处于民族文化深层的哲学思想，转化为"先天下之忧而忧，后天下之乐而乐"的民族精神，以及"家事、国事、天下事，事事关心"，"天下兴亡，匹夫有责"的社会心理和责任感。知行关系是中国古代哲学家特别关注的问题之一，他们的兴趣不在于构建理论体系，不只是把思想与观念表达出来就达到目的，而在于言行一致、知行合一。自己所讲的与自家身心的修炼必相符合。当然这里的践履并非人类的生产实践，而是偏重于个人的修德重行。

第三，富于辩证思维。中国哲学讲求对立前提下的和合统一，儒家讲"生生之谓易"，"天行健，君子以自强不息"，强调事物发展变化的连续性和合理性。而变化发展的根源，在于阴阳的此消彼长，刚柔的相互激荡，"一阴一阳之谓道"，便是最好的理论概括。《老子》描述了动静、高下、强弱、先后的相联相对，相反相成。"道生一，一生二，二生三，三生万物"的发展序列中，道运行不已，"周行而不殆"。韩非讲的道理相应的规律论是把事物的辩证发展看作内在规律。他既承认"法术之士与当途之人，不相容也"，"冰炭不同器而

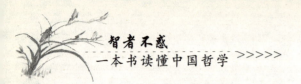

久"，"杂反之学，不两立而治"，又认为矛盾对立的双方可以"形名参同，上下和调"，可见是既讲对立又讲统一。佛教一多相摄、四谛圆融、一即是多、多即是一的命题，也深蕴对立同一之精义。

第四，树立整体观念。中国哲学孜孜追求人与人的和谐，人与自然的和谐，把天、地、人看作统一的整体，以"人与天地万物为一体""天人合一"为最高境界。《易传》讲"乾道变化，各正性命，保合太和，乃利贞"，所谓"太和"，就是至高无上的和谐，最好的和谐状态，而张载提出："太和所谓道，中涵浮沉、升降、动静相感之性，是生氤氲相荡胜负屈伸之始"，即太和便是道，是最高的理想追求，是最佳的整体和谐状态。但这种和谐是包含着浮沉、升降、动静等矛盾和差别的和谐的，因此这种和谐是整体和动态的和谐，是一种更高意义上的和谐。与追求人与自然的和谐相一致，中国传统哲学也十分重视人与人之间的和谐，孟子的所谓"天时不如地利，地利不如人和"，强调的就是要以和谐为最高原则来处理包括君臣、父子、夫妇，乃至国家和民族的关系，从而达到"人和"的境界。儒家在此基础上进一步阐述了要实现"和"的理想，最根本的途径是"持中"，并通过对持中原则的体认和践履，去实现人与自然、人与人、人与社会、人与天道之间的和谐与平衡，这就是"极高明而道中庸"，因此中庸之道是中国古代哲学的基本精神之一。

第五，偏重直觉思想。中国古代哲学不重视形式上的精密论证，也没有形式上的条理系统。而只注重生活的实证，或主体的直觉体验，体验良久，有所感悟，以前的种种疑惑豁然开朗，日常的经验得到贯通，这样也就有所得，所得所悟的记录就是现在还可以看到的哲学著作。由于是所得所悟的记录，因此中国哲学著作就少有西方哲学著作那样的严密论证和逻辑结构，而多是一些文章断片。这些哲学思想是哲学家们所得所悟的思维以及直觉体验的结晶，无论是影响深远的"天人合一""道"，还是孟子所讲的尽心、知性、知天，养"浩然之气"，庄子讲的"天地与我并生，万物与我为一"，魏晋玄学家讲的"言不尽意""得意忘象"，都是一种并不能由语言概念来确指、来表现，而只能靠主体依其价值取向在经验范围内体悟的思想。至于中国禅宗，更是把中国哲学重直觉的特点发挥得淋漓尽致，所谓明心见性、立地成佛全靠直觉与顿悟。中国古代哲学重直觉而忽视逻辑推理和概念分析的特点，是中国哲学知识论贫乏和道德哲学发达的根本原因。

中国古代哲学中，有一个长久的唯物主义的观念。印度哲学中生死轮回的观念很流行，西方哲学中灵魂不灭的观念也很有势力，中国哲学的情况却迥然不同。中国哲学家向来不看重生死问题。子路问死，孔子答道："未知生，焉知死？"孔子又讲过："朝闻道，夕死可矣。"在他看来，实现道德理想，比维持生命更为重要。中国哲学中也有"不朽"的观念。中国哲学中所谓"不朽"主要是指伟大人物的道德事业言论的长久影响。

中国哲学是博大精深的，以上几个特点远不能涵盖之。不过，中国哲学有其独特的精神面貌，这是毫无疑问的，在中华民族走向伟大复兴的今天，中国哲学将受到更多的重视，对人类文明发挥更大的影响。

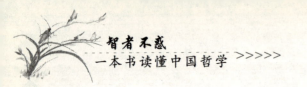

原始社会的宗教

哲学脱胎于宗教，这是世界哲学史的一个普遍现象。中国哲学起源于夏商周的宗教伦理精神。为了把握夏商周时期的宗教伦理精神，我们有必要对原始时期的宗教做一个简单的回顾。

宗教的出现是同先民逐步摆脱动物性、开始探讨自然与人生的奥秘、向往神圣美好的目标联系在一起的。原始宗教的出现和兴盛是人类思维发展和精神生活丰富化的产物，是人类社会组织能力提高的表现。原始宗教是早期人类包罗万象的文化体系，它是后来各种文化形态的重要源泉。

将中国原始宗教分成五大崇拜：自然崇拜、鬼魂崇拜、生殖崇拜、图腾崇拜、祖先崇拜，再加上原始神话和原始祭祀、巫术、占卜，共七个部分。

中国原始宗教与世界各地原始宗教有一些共同点，比如，人们崇拜神灵的目的主要不是为了精神的解脱，而是为了让神灵帮助解决现实生产和生活中遇到的难题，达到消灾免祸、治病祛邪、人丁兴旺、五谷丰收、六畜繁盛、社会安宁的目的。我们还可以列举出许多原始宗教的共性，如崇拜的多神性、神灵的直观性、宗教体制与社会体制的一体性以及宗教文化的混然未分性等。

但是，由于中华民族特殊的社会条件、地理环境等，在宗教文化得到初步发展以后，便显露出某些自身的特点，至少在崇拜重心上与其他异国民族有所区别。这些特质在当时处于萌芽状态，但后来的它们充分发展，却对中国传统文化造成巨大影响。

中国原始宗教的特点是：

第一，农业祭祀特别发达，这与中国地处温带，中原地区早就进入锄耕农业社会有关。原始的自然崇拜明显地以农业神崇拜为核心，旁及畜牧、渔猎诸神。中国宗教后来长期以社稷与宗庙为两大支柱，反映了中国社会以农业文明为基础、以家庭宗族为纽带的特点。

第二，图腾崇拜呈融合趋势，这又与中华民族多源一体有关。世界多数地区的图腾具有严格的氏族性，不同图腾氏族之间有明显的界线。但在中国，由于氏族之间的融合、部落之间的融合，文化在较广的领域交流，又以黄河、长江流域为中心形成主流文化。图腾物多发生组合，具有很强的综合性，所以才有龙凤文化的出现。

第三，祖先崇拜占有显著地位，表现为注重丧葬仪规，原始墓葬的分布普遍而丰富，这与中国很早就出现发达的家族宗族社会并且从未中断有关。在远祖崇拜的基础上发展出圣贤崇拜，在近祖崇拜的基础上发展出成熟的宗法制度。中国进入帝制社会以后，祖先崇拜在宗法制度的基础上得到进一步发展，成为中国民族信仰的核心。中国的原始宗教是夏商周三代宗教思想的直接来源，对中国哲学的产生和发展产生了很大的影响。比如，鬼魂崇拜孕育着最早的形神观，创世神话则孕育着最早的宇宙论和历史观，图腾雕绘及宗教礼器则表示了原始审美意识的发展，神的观念的产生及不断复杂化、高层化则推动了

原始抽象和形象思维的发展，等等。

原始宗教对后来的儒家、道家、道教、宗法性传统宗教及民间风俗发生了很大的影响。儒家将其中的男性祖先崇拜转化为系统的人伦学说。道家将女性生殖崇拜提升为道的哲学。道教将自然神灵转化为道教神灵，将巫术转化为道术。宗法性传统宗教则在祖先崇拜和农业祭祀的基础上，形成郊社、宗庙等一整套高层次的宗教仪式和制度。中世纪的民间信仰，很大一部分是继承上古宗教遗风而来的，只是由于若干高级形态宗教的出现和传入，古代宗教的很大一部分才降格为宗教民俗。

商代的宗教信仰系统

殷人信鬼神，这一点从出土的大量甲骨文中反映出来。殷人迷信占卜，几乎到了无事不卜的地步。从发现的殷墟甲骨卜辞来看，他们卜问的内容，从年岁的丰歉、战争的胜负、田猎的捕获，到风雨的有无、出入的凶吉、疾病的轻重、妇人的生育等，无所不包。有的时候，对同一件事还要反复地再卜、三卜，甚至十数卜，可见他们对占卜是非常郑重的。

在殷人宗教中，威信最高、权力最大的神就是上帝。上帝是宇宙的主宰，万王之王，管理自然及人类一切事物，殷人对他极其虔诚。上帝的能力可分以下几类：第一，支配自然界的能力。上帝能够"令雨""令风"等。第二，主宰人类祸福。上帝具有降食、降水、降祸的能力。第三，决定战争的胜负和政权的兴衰。第四，主管兴建土木、出行、做买卖等日常生活事务。

在商代的宗教中，不仅有至上神"上帝"，而且还有个"帝廷"供其使役。上帝统率着日、月、风、雨、雷等天空诸神和土地、山、川、四方等地上诸神。前者属于天神系统。

在殷人的宗教观念中，地示虽也属上帝管辖，但与天神相对峙，构成了地上的群神系统。在地上诸神中，以地神祭祀最为隆重。对于一个农业民族来说，土地是与气象同等重要的生产条件，因此土地神便成了他们头脑中重要的神灵，每年多次祭祀，感谢大地母亲的养育之恩。

后世儒生在归纳商代宗教特点时曾经说："殷人尊神，率民以事神，先鬼而后礼"（《礼记·表记》），一语道破了殷人迷信鬼神，实行鬼治的特点。殷人崇拜的鬼神并非一般的山魂野鬼，而是自己祖先及功勋旧臣的亡灵。由于"绝地天通"的影响，他们相信凡人是不能直接与神交流的。只有殷王死后才能"宾于帝"，当时王是联系上帝的唯一渠道。敬祖是取悦于上帝的唯一方法，所以殷人祭祖虔诚、隆重而频繁。

商代宗教观念有以下几个特点：

第一，至上神的人格性。殷人的上帝并不是天。天没有神性，不是殷人崇拜、祭祀的对象。这不难理解，原始人和早期文明人的头脑

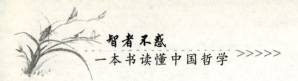

相对简单，缺乏抽象概括能力，只有具体有形的事物才能引起他们的注意。根据卜辞对上帝的描述看，他是相对于"下帝"——殷王的人格神，有思维、有情感、有意志。上帝主宰一切的神性主要是地上王权在天空的投影和放大。

第二，至上神的自然性。殷人塑造的上帝自然属性是主要的，社会属性是次要的，"令雨""令风"占据了上帝大部分的工作时间。

第三，多神等级性。与基督教、伊斯兰教、佛教等创生性宗教相比，中国古代宗教没有固定的教主、没有确切的创教时间，宗教观念也没有与原始宗教根本断裂，信仰表现出多神性的特点。殷人宗教中天神、地示、人鬼三大类，神灵数量繁多，各司其职。但是，商代的宗教已不再是原始人的万物有灵崇拜了，在诸神之间出现了高低统属关系，构成了一个彼岸的等级社会。

第四，祭祀的宗法性。从殷墟卜辞看，上帝与殷王并没有血缘关系。他们从不称殷王为"天子"，祭祀祖先也不包括上帝。殷王向上帝的贞问和祈求，主要通过祖灵来转达。先王之灵成了连接天国与现世的唯一桥梁，祖先崇拜不仅仅是维系宗教内部团结的需要，也是上帝崇拜的必要环节。所以，祭祖是殷代宗教中最重要、最隆重的活动。

周朝“以德配天”的宗教伦理

西周前期是中国文化精神气质得以塑型的重要时期，而周公在早期中国文化发展的历史上扮演了一个决定性的角色。

周公的历史重要性和贡献，不仅在于传统所谓“制礼作乐”，他的贡献更在于他的思想极大影响了周人的天命信仰，使中国文化由自然宗教发展为具有伦理宗教水平的文化形态，价值理性在文化中开始确立根基。周公是整合中国文化的第一位圣人。

为什么这么说呢？让我们具体地分析。

商王坚信“有命在天”，但却被西方诸侯国周国灭亡了。这个事实引起周公的深思，也使周公不得不从人世间诸事情中，思虑如何才能保住“天命”。周朝的统治思想体系因袭商代，宗教思想占支配地位，以帝或上帝为至上神。但与其不同和进步的是用人格化的天来称呼帝或代替帝的概念，宗教信仰中已有理性的成分。周人不仅敬天，而且敬德，《尚书》中几篇周初的文字，如《康诰》《梓材》《召诰》《君奭》等，都翻来覆去地重复着“敬德”的思想。

在周公的推动下，中国古代宗教走上了伦理化的发展方向，从而

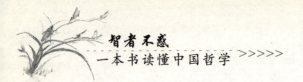

为儒家思想的产生，为传统宗教的世俗化奠定了基础。

在西周的宗教伦理中，有从商朝继承下来的"王权神授"思想，借天的权威来论证君权的合理性。

另外，周公吸取殷朝灭亡的教训，提出了以德配天的思想。君主的德性是获得天命的唯一根据，这便是"以德配天"的确切含义。为了教育后代做一个好的君主，周公提出了"王德"的一些具体规范。如明德修身、明德慎罚、敬德保民、宗教伦理和宗法制度相结合，为世俗宗法伦理披上了一件天赐民彝的外衣。

总括周公"以德配天"的宗教伦理，周代宗教观念比之商代有几点明显的进步。第一，天命可变的思想，使宗教信仰失去了绝对的价值，理性主义的因素不断增加。第二，天命惟德，说明周代宗教至上神的神性已经开始从自然领域转到了社会一边。当人们支配自然的能力有所增强以后，他们便会感到异己力量的压迫主要来自社会方面，社会生活领域中有许多陌生的领域还需要神的帮助，以天神作为社会伦理的最后依据。第三，以德配天，上天的赏罚以统治者自身的行为为依据。这说明周人对人的自由意志问题已有所体会，把王朝的兴衰归结为统治者的德性，而不是推诿于神意。殷人重鬼治，周人重人谋，他们已开始在宗教的外衣下认真研究起政治伦理了。第四，民惟邦本，天意在民，中国式的人文精神初见端倪。通过对殷周之际社会变迁原因的历史考察，西周统治者已经认识到人民的力量。以民心的向背来衡量天意，这比之鬼卜草筮要进步得多、合理得多，也是一个历史性的进步。

总之，殷周之际宗教变革的突出成绩，就是建立了一套具有人文精神的宗教伦理体系。古代宗教开始走上了一条伦理化的道路。在注重鬼神祭祀的形式下，人文主义和理性主义的因素都在增长。可以说，周公的宗教改革为日后古代宗教的世俗化留下了契机，也为儒、道、墨、法诸家哲学思想的出现埋下了种子。

各种大型世界性宗教，它们关心的焦点也是人生问题，但都把人们精神的终极关怀指向了彼岸的天国。而中国的宗法性宗教由于创教时间较早，且在发展过程中受到周公人文精神的改造，因而更加关注人现世的生存问题，农业祭祀具有突出地位，道德伦理渐为教义的核心，这在很大程度上决定了中国人民族气质的形成。

中国古代第一位哲学家

周公是西周初期的政治家和思想家，可以说是中国古代第一位哲学家，有人尊奉他为奴隶社会的大圣人。儒家学说后来成为中国古代学说的主干，也成为中国传统文化的一个重要内容，周公被称为是儒家道统的始祖。

周公姓姬，名旦，又称叔旦，因以周地（今陕西岐山北）为其采邑，故又称周公。他是周朝的创立者武王姬发的弟弟。武王灭殷建国两年后逝世，他的儿子成王姬诵继位，因其年纪很小，由叔叔周公辅

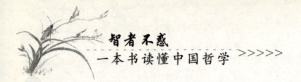

助摄政。武王伐纣灭商后封纣的儿子武庚于殷，令他的弟弟管叔、蔡叔监理他的国家。武王死后，管叔、蔡叔、霍叔对周公摄政很不满，于是勾结武庚叛周。周公随之东征，"降辟三叔"，杀死了武庚，此后，在洛邑（今河南洛阳）建立东都，先后分封宋、卫、鲁、齐、燕等，封建71个小国，有效地巩固了周朝的统治。可以说，周公是周朝的实际创立者。

周公对成王的教导和辅佐，是有效果的。成王执政后，能按照周公规定下来的典章制度治理国家，重视农业和手工业的发展，并在中原和沿海地区进行贸易活动，使商业走向发达。成王执政37年，继位的康王执政26年，出现了"成康之治"的繁荣景象，是我国奴隶制发展的鼎盛时期。周公为了周王朝的事业，用尽了毕生的精力。到了晚年，他回到受封的地方。后来他得了病，临终前嘱咐说："死后，一定要把我埋葬在成周地方，以表明我不敢离开成王。"

周公死后，成王用最隆重的天子礼节，把周公葬在毕原（今陕西省西安市西北），那里有文王陵和武王陵。把周公和文王、武王葬在一起，是表示周公的功劳大，完成了文王和武王未竟的事业。

周公为了巩固周朝的统治，采取了一系列的政治措施，提出一套统治思想。在哲学上，据传他为《周易》64卦之384爻作爻辞。传说尧、舜、禹和三代夏、商、西周是中国古代哲学的发生时期，周公对其进行了总结和提高，达到了当时所能达到的最高水平。

孔子非常推崇周公，认为他是古代最伟大的圣人。孔子反复说："如有周公之才之美，使骄且吝，其余不足观也已。"孔子到了晚年，还感叹："甚矣吾衰也！久矣，吾不复梦见周公！"后来的儒者也和孔子一样，把周公奉为古代最伟大的圣人。

《周易》的哲学思想

　　《周易》是中国儒家经典之一，分《经》和《传》两部分。《经》据传为周文王所作，由卦、爻两种符号重叠演成 64 卦、384 爻，依据卦象推测吉凶。今本《周易》通过释经表达哲学观点，包含世界观、伦理学说和丰富的朴素辩证法，从而在中国哲学史上占有重要地位。

　　《周易》认为自然与社会是统一的，把人看作是万物之一，同万物一样受天地之道的支配。很自然地，社会规律应受到自然规律的制约，自然规律是一切规律中最基本的规律。

　　《周易》是儒家、道家思想的共同源头。儒、道两家在处理人与自然社会的关系上有较大的区别：儒家主张济世，道家主张无为，而《周易》作为行动指南正是二者的统一。天道循环是自然常理，君子效法天道，就应当崇尚此理，不能违天逆常，要顺时适变。在阳刚生息之时要顺应，在阴柔生息之时也要顺应。这是为什么要"顺"的道理。但阴柔的生息确实又不利于君子，因此又不能消极顺应，还要加以制止。只不过制止的方式不是对抗性的，而是因势利导。这种顺应与道家的思想不同。道家是一切顺其自然，不要人为。而《周易》的

思想是既顺其自然，又作人为的努力，加以控制。阳刚生息时要推波助澜，阴柔生息时要"顺而止之"，不是完全听其自然，也就是要把客观必然性与主观能动性结合起来。不认识客观必然性，不顺强止，就是不明"天行"；没有主观能动性，"顺而不止"，就流于道家的"无为"，完全成为"天行"的奴隶。《周易》的这种思想十分可贵。在认识世界方面《周易》与老庄思想有一致的一面，在改造世界方面，《周易》与老庄思想不尽相同。

　　"时"与"中"是《周易》里非常重要的两个概念。《周易》要求人们在道德修养上要符合"时""中"。中即孔子讲的中庸之道。所谓中庸，实际上指的是在天地自然之道的正中运行。所谓"时"是指与时势一致。天地自然的运动有它的时序，时序的不同阶段所形成的时势就不同，时势是随时序而变化的。人要顺应天道，就必须按照时势经常调整自己的行为，使自己的言行与时势保持协调一致，简言之就是要顺时应变。人处在复杂多变的社会时势中，要识时务，随形势的变化而变化，不能墨守成规。能时能中，人的行为才符合天地自然之道，保持正确，从而趋吉避凶。

　　《周易》里不时提到"命"，对命的认识与今天的说法不尽相同。《周易》讲的命是与时位相关的一个范畴，即在天地造成的时势中所处的特定位置，这是一种客观条件的局限，谁也不能超越。在客观条件允许的情况下去行动，就是顺应天命，即可获吉，绝不是让人们坐等好运的到来。不顾客观条件盲目行动，那是逆天命，逆天命就会遭凶。《周易》既反对盲动，又鼓励人们顺应规律去活动。知道自己所处的时势地位和应当活动的规律，这就是知天命。实际上，"命"是客观条件对人的限定，是自然与社会法则对人的制约。这个命不是宿命，不是命定论。中国有句古话，称作"知天命，尽人事"，对待命运的态度是比较积极的。

《周易》64卦，讲的是阴、阳两种元素的消长。阴、阳二气之中，阳气是创生的、主导的，阴气则是顺动的、终成的。阳气是活性的，具有生命力；阴气则是收敛、闭藏的。两者虽是构成宇宙不可或缺的对等因素，但作用并不相同。因此常常褒阳而贬阴，重阳而轻阴。两者不是平行关系，而是有轩轾之别。吉凶祸福是由事物运动发展的阴阳轩轾规律决定的，这个规律就是事物都是在矛盾对立中不断发生变化，否极泰来、盛极而衰，万事万物各有自己当令用事的时势，时势一过，必然会走向自己的反面。

人如何在消息盈虚造成的天时下进行正确的行为选择是《周易》的根本问题之一。拿遁卦来说，遁卦是退的时势，但退有退的作用。《系辞》里说："屈信（伸）相感而利生焉，尺蠖之屈，以求伸也；龙蛇之蛰，以存身也。"只进不退未必是好事，进退是辩证统一的。人在社会活动中，既要守恒有常，又要随时而变，这是天道。如果违背天道，一时可能会得到便宜，但迟早要受到天道惩罚。

64卦向人们描述了一个大的运动周期，以后的运动还会按这种周期的方式出现，这样就概括了无穷永恒的哲理。但这不能看作是循环论，而是向人们揭示宇宙运动的周期性特征。宇宙的发展运动是无穷的，而运动方式却是周期性的，这与认为宇宙运动是呈螺旋式上升的规律异曲同工。有周期性就会形成螺旋，有无穷性就会上升。《周易》里讲"日新"，在原轨迹上循环就不可能日新，因为循环论是有穷的，只是在原来的轨迹中循环。程颐说："未穷则有生生之义"，可见《周易》绝不是简单的循环论。

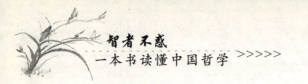

阴阳五行说

我国阴阳五行的源头，可以追溯到传说中的大禹时代。据说治水英雄大禹率先打破了"禅让制"，把王位交给儿子启。同姓诸侯有扈氏不服，起兵造反。启于是率大军亲征有扈氏的大本营甘（今陕西户县西），临战前召集六军将领说：

"有扈氏威侮五行，怠弃三正。天用剿绝其命。今予惟恭行天之罚。"

这段话，见载于《尚书·甘誓》，历史学家们推测在公元前2196年。这里的"五行"，大致就是今天我们所知道的金、木、水、火、土五物；"三正"，大致是与五行有关的正德、利用和厚生。到了战国时代，"五行"又增加了"相生相胜"的哲学成分。

五行说是讲宇宙构成的元素的，即认为世界万物是由水、火、木、金、土五种物质元素构成的。据《国语》记载，"和"与"同"是不同的，前者是一种元素与另一种元素参合，能产生新的东西并能得到发展；后者是同一种元素相加，不能产生新物，也不会有所发展。所以，要把土与金、木、水、火杂和起来，才能生成百物。这里的五行，突出了土的作用，既反映了重视农业的思想，也是对五行并列观念的修正。

至于阴阳，则是对自然状态的一种描述，对世界的一种看法。阴阳二字的起源很古老，在甲骨文和金文中已经出现了。《说文解字》释"阴"为"水之南山之北"之意，释"阳"为"高明"之意。也就是说，从字源学的角度而言，"阴"是阴暗或太阳照不到的意思，又引申指背日或山北水南之地；"阳"是阳光四射或光明的意思，又引申指向日或山南水北之地。阴阳二字连出，最早见于《尚书·周书·周官》与《诗经·大雅·公刘》。

周人用两种不同性质的阳气和阴气来解释四季的变化和万物的繁茂与凋衰。他们认为，在冬去春来之际，气从地下向上蒸发，万物便出苗生长；如果沉滞不能蒸发，农作物便不能苗壮成长。阴气的性质是沉滞下降的，阳气的性质是蒸发上升的，这阴阳二气相互协调，配合有序，流转正常，就风调雨顺，否则就要发生灾难。周幽王时的伯阳父，曾用阴阳二气的失调来解释当时发生的地震现象。他认为，阴阳二气的流转是有一定的秩序的，如果发生秩序紊乱的现象，阴阳二气就各失其位，就要产生地震。

《道德经》说"万物负阴而抱阳"，就是说，阴阳的矛盾势力是事物本身所固有的。《易传》的作者则进一步提出"一阴一阳之谓道"的学说，把阴阳交替看作是宇宙的根本规律。后来，古人对各种现象进行抽象概括，以阳代表天、日、昼、暑、刚、强、前、男等，以阴代表地、月、夜、寒、柔、弱、后、女等，认为两种势力相互对立和依赖，是事物固有的属性，是引起事物变化发展的原因。

阴阳五行说是中国传统文化的一个特色，对中国古代的学术和日常

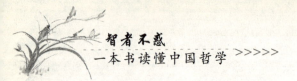
生活都产生了一定的影响。例如，古人取名也要照顾到五行协调齐全。

把阴阳与五行撮合在一起并加以神秘化的，是战国末期的阴阳家，其代表人物为齐国人邹衍。他提出"五德终始"说，把五行的属性称为"五德"，"木克土、金克木、火克金、水克火、土克水"两两相克，循环往复，并将朝代的更替也纳入该系统之中。

邹衍的"五德终始"说一出，立即被秦始皇采用。秦始皇称帝后，一切均按"五德终始"的体系来实行：因为秦代周而起，周为火德，秦就为水德；水德主运，无论是正朔（一年的起始之月）、服色（衣服的颜色）、度数（度量标准）、音律（音乐的韵律）、政术（政治法术），还是其他的举止行为，都必须依此而定；秦始皇甚至将黄河也改成了"德水"。

此后，凡是一个朝代继另一个朝代而起，都必按"五德终始"说"改正朔，易服色"；凡是一个朝代内以父传子的帝王变迁，也都按"五德终始"说行政事。中国历代君王在发布诏令等时所用的"奉天承运"之"运"字，就是"五德主运"之"运"。

阴阳五行学说中既包含了事物相互联系、相互转化的思想，又包含了阴阳定位、五行单向生克的思想，这两种思想对于我们中华民族思维方式的最终定型产生了决定性的作用：前者与儒家的家国一体观和道家的变化发展观结合在一起，铸就了中华民族思维方式的整体性、系统性、辩证性等特征；后者与儒家的"三纲五常"等观念逐渐融合，最终铸成了中华民族思维方式的凝固性、保守性、消极性等特征。也就是说，阴阳、五行帮助铸成的中华民族的思维方式，一方面把天地人看成一个永远不变的、统一的整体，另一方面又在这个整体之中谈论局部的变化，这种思维方式对中国的哲学、天文学、地理学、医学和人们的日常生活都起到了"规范"的作用。

比如，天文学里的浑天说与盖天说都是从原始占星家的阴阳理论中直接发展起来的；再如，指导中医的一整套理论实际上就是阴阳五行思想；而民间久盛不衰的算命术、风水学，则是阴阳五行灾异理论的普及和推广。所有这些学说，反过来又强化了中华民族的思维方式和民族心理结构。

第二章

孔子：以"仁"为核心的哲学

　　儒家，最初指的是冠婚丧祭时的司仪，自汉代起指由孔子创立的以仁为核心的思想体系。儒家的学说简称儒学，是中国古代的主流意识形态，自汉以来在绝大多数的历史时期作为中国的官方思想，至今也是一般中国人的主流思想基础。儒家学派对中国、东亚乃至全世界都产生过深远的影响。

整理六经

孔子周游列国，政治理想无法施展，只好返回故园。在他生命的最后的日子里，最主要的工作是整理六经。

六经，指《诗》《书》《礼》《易》《乐》《春秋》，是历代中华先王累积遗传下来的古传文献，是华夏文明期的六大经典学术。六经是华夏文明礼教的基础，比较全面地反映了自五帝文明起源到夏、商、西周早期文明发展的大致框架与基本内涵。六经，有时又称六艺，不过和华夏文明早期的六艺，即礼、乐、射、御、书、数六大领域的技艺有所不同。在孔子之前，六经经过周公的整理，早已在社会上流传。那为什么孔子还要整理六经呢？

我国上古时期，夏、商、西周的最高统治者对文献典籍十分重视，文献被当作神圣之物深藏于王宫之中，由专人誊写，由专人保管，并且一般人是看不到的。春秋前期，各诸侯国书籍文档管理基本沿袭西周旧制，由史官管理文献。但是到了孔子所处的时代，王室的权力衰微，诸侯国崛起争霸，维护王室利益和保护世卿贵族利益的档典册在社会变革中不断被销毁，王室里专门从事文化工作的人员也流散于外。

孔子作为一个好学的人，饱受找不到学习资料的苦恼，曾专程跑到洛邑找老子借书看。司马光描述当时档案流失情况说：“周室微，道德坏，五帝三王之文飘沦散失，弃之不省。”在王室和诸侯自身地位不保的情况下，一些失业了的史官为了生存，常带着自己掌管的档案作为见面礼，奔走于各国以求取官职，谋求生路，这是档案大量流散的一个重要原因。档案大量流散于社会，一方面使地方上的知识分子有了接触、了解这些文献的机会，另一方面又因为散落，对文献的归纳、整理非常不利。

孔子整理文献的另外一个重要原因是，他一生以恢复周礼为己任，当时经周公整理过的文献却被诸侯国毁坏，因为周公的礼制不符合一些图霸的诸侯国的利益。孔子的整理六经可以看成另一个领域的“复礼”。

孔子在六经的编辑过程中，从选题策划、选文标准，到编辑加工也无处不贯穿着他“救世化民”的政治思想，所以可以说，整理六经，是孔子以另一方式实现自己的理想，是开辟的一个新战场。

在孔子所编订的“六经”中，以《诗》为首，即《诗经》。《诗》是我国古代从西周至春秋时期约 500 年间的诗歌总籍，分《风》《雅》《颂》三个部分。《风》绝大部分是民间歌谣；《雅》分《大雅》《雅》，是音乐的分类。《颂》是赞美诗，是祭祀上帝和祖先的乐歌。《诗经》全面反映了西周到春秋时期的历史，具有史诗的性质，是后世研究这一时期的重要历史文献，同时，《诗经》描绘了劳动、爱情等社会生活的方方面面，具有很高的思想性与艺术性。

《史记·孔子世家》载，“古者《诗》三千余篇，及至孔子，去其重……三百五篇孔子皆弦歌之”。就是说，古代留传下来的《诗》有三千多篇，到孔子时，他把重复的删掉了，选取了其中好的一些用于礼

义教化。从"三千余篇"减至"三百五篇",去掉了百分之九十,司马迁不说"去其劣",而说"去其重",可见这一过程不是内容上的精选和删减,而是版本的鉴定和选择,即将不同版本而内容重复者去掉。另外,《诗》在流传过程中因为古乐大量散失,许多诗篇只有辞而无曲调,已经无法演唱。还有些篇章辞曲相配错乱,雅乐与颂乐混淆,等等。孔子运用他渊博的学识和深厚的音乐修养,在整理乐的同时,也对诗进行了整理,恢复了诗、乐相配的本来面貌,改正了雅、颂混淆的情况。孔子自己对他从事的这项工作也很自豪,他说:"我从卫国回到鲁国后,才对乐曲进行整理,使《雅》乐和《颂》乐各得其所。"

孔子非常重视《诗》,他曾说过"不学《诗》,无以言",也就是说一个人假如不学《诗》,就连话都说不好。今天我们所见到的《诗经》是根据《毛诗》而来,据说最先就是由孔子的弟子子夏所传。孔子和他的弟子在传播《诗经》上所做的贡献是无与伦比的。

《书》指《尚书》,是一部从商朝至春秋时期的政治历史文献,主要是虞、夏、商、周的君王的政治活动和君臣的谈话记录,这是后人研究华夏这几个有史料记载的远古朝代的珍贵资料。孔子的时候,周王室衰微,礼乐废弃,《书》也缺失。孔子追述三代的礼制,为《书传》作序,上自唐尧、虞舜,下至秦穆公,加以编订,记述当时的史实。汉代史学家班固也说:"《书》所记述的事情十分久远了,到孔子才加以编纂。上起于尧,下至于秦,共百余篇。孔子为它写了一个序言,说明编纂这部书的宗旨。"

孔子曾经说:"夏代的礼仪制度我还能讲出来,只是夏的后代杞国没有留下足够证明这些的文献。殷商的礼仪制度我也能讲出来,只是殷商的后代宋国也没有留下足够证明这些制度的文献。如果杞、宋两国有足够的文献，我就能证明这些制度了。"

孔子的一生都和礼有着不解之缘，可以说，孔子是当时在礼制方面最渊博的学者。他把长年收集、整理的有关礼的资料加以认真的鉴别、整理，以周礼为主，参考夏、商古礼，整理出了一个较完整的礼的体系。孔子整理过的礼书在秦始皇焚书时遭到毁坏，现存的《礼》是东汉郑玄融合不同版本后定下来的三本书，即《周礼》《仪礼》和《礼记》。《周礼》原称《周官》，是一部官制汇编，规定了西周中央政府"天、地、春、夏、秋、冬"六部的职掌和属官人数；《仪礼》是记载典礼仪节的书，记录的是商、周统治者名目繁多的典礼的复杂程序，实际上就是职业司仪的专业课；《礼记》是儒家论说或解释礼制的文章汇编，其中一半以上是解说《仪礼》相应篇章的，另有少数则是《仪礼》所失收的古代典礼仪节的文件。从这些内容看，三部礼书中，前两部是关于典礼程序的资料汇编，《礼记》则是对《仪礼》的阐释和补遗。

《礼》中的很多礼仪现在仍然为我们所遵守，成为我们日常生活习惯的一部分，影响了我们生活。《礼》也为我们后人留下许多有关夏、商、周三代的人在日常生活方面的珍贵资料，大到怎么待客，如何办红白喜事，小到如何吃饭、唱歌。《礼》中也有很多死板、迂腐的教条，成为后世礼教害人的源泉。

孔子也对乐进行了修订。因为诗和礼都是和乐密切相关的，所以孔子在整理诗的时候，也对错乱混淆的乐曲进行了整理，另外，礼在进行的时候，往往伴有音乐舞蹈的场面。孔子对与礼相联系的乐进行整理，使之完整配套。

孔子是个音乐家，有很高的音乐造诣，他既具备丰富的音乐知识，

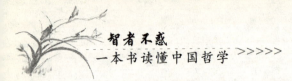

又有着高超的鉴赏水平。这使他做乐的整理工作的时候得心应手。不过，由于乐比较难以加以记载，再加上战乱的破坏，孔子整理过的乐曲没有保存下来。

《易》，汉以后又称《周易》，被誉为"群经之首，大道之源"。从本质上来讲，《易经》是一本关于"卜筮"之书。"卜筮"就是对未来事态的发展进行预测，而《易经》便是总结这些预测的规律理论的书。《周易》由两部分组成，一部分是《经》，由卦、卦辞和爻辞组成；另一部分是《传》，又称《易传》，是对《经》所作的各种解释，共有十篇组成，又称《十翼》。

孔子晚年喜欢钻研《周易》，他为《象辞》《系辞》《说卦》《文言》做了自己的详细阐述。孔子读《易经》时十分刻苦勤奋，读《易经》时因为翻的次数太多，把穿书简的牛皮绳子都弄断了多次，也就是"韦编三绝"这一典故的由来。后来，孔子对于《易经》已经有了非常深刻的体悟，但是仍然略嫌不足，他说："如果上天还可以给我几年时间，让我继续学习《易经》，从而达到知类通达、至圣至神的境界，就可以不犯大的错误了。"

孔子还把《易经》的知识教给他的学生，他对《易经》的系统讲解，成为后来《易传》的主要来源。

《春秋》，是鲁国的编年史，记载了从鲁隐公元年（公元前722年）到鲁哀公十四年（公元前481年）的历史，是中国现存最早的一部编年体史书。

虽然《春秋》一书的史料价值很高，但是它并不是一本单纯的历史学著作，而是一部蕴含着孔子深刻政治思想的政治学著作。孟子说："社会衰败，大道隐微，异端邪说猖獗，暴行时有发生。有的臣子杀死君主，有的儿子杀死父亲。孔子不寒而栗，于是作《春秋》。"又说："孔子编撰《春秋》，乱臣贼子恐惧。"司马迁在《史记·太史公自序》中说："周室王道衰微，孔子任鲁国司寇，诸侯陷害他，大夫蒙蔽他。孔子知道自己的言论得不到重视，大道无法实行，于是评判春秋二百四十二年间的是非，作为天下的代表，目的是褒扬天子，退抑诸侯，声讨大夫，以达到张扬王室的目的。"也就是说，孔子编纂《春秋》一书，有着明确的目的，通过褒贬人物，以所谓"春秋笔法"宣传自己的政治观点。

孔子自己也说："知我者，其惟《春秋》乎？罪我者，其惟《春秋》乎？"意思是说，后人了解我将因为《春秋》，后人怪罪我也将因为《春秋》。孔子编写《春秋》的过程中把自己的思想和主张渗透到字里行间去，这就是所谓"微言大义"。孔子为了准确阐述自己的政治观点，表达自己的喜好，编撰《春秋》的时候，直笔则直笔，改削则改削，子夏等文学水平高的弟子们都不能参与任何意见。当然这也就要求他在70岁高龄还要保持着充沛的精力，孔子做到了这一点。

六经原本是周朝时的官方的正统文化学问，后来失散民间，经过孔子收集鲁、周、宋、杞等故国文献，加以整理编撰，得以流传，因此可以说，孔子是中华文化承前启后的至圣。

到了汉朝，汉武帝"罢黜百家，表章六经"，恢复了六经的官学地位。由于《乐》失传，六经在汉朝变为"五经"。到宋代，《诗经》《尚书》《周礼》《仪礼》《礼记》《周易》《左传》《公羊传》《谷梁传》《论语》《尔雅》《孝经》《孟子》合称"十三经"。"十三经"从此成为华夏文化的经典。

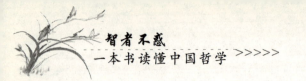 仁、义、忠、恕

关于人的德行，孔子强调仁和义，特点是仁。义是事之"宜"，即"应该"，它是绝对的命令。社会中的每个人都有一定的应该做的事，必须为做而做，因为做这些事在道德上是对的。如果做这些事只出于非道德的考虑，即使做了应该做的事，这种行为也不是义的行为。用一个常常受孔子和后来儒家学者蔑视的词来说，那就是为"利"。在儒家思想中，义与利是相互对立的。孔子本人就说过："君子喻于义，小人喻于利。"（《论语·里仁》）在这里已经有了后来儒家学者所说的"义利之辨"，他们认为义利之辨在道德学说中是极其重要的。

义的观念是形式的观念，仁的观念就具体多了。人在社会中的义务，其形式的本质就是它们的"应该"，因为这些义务都是他应该做的事。但是这些义务的具体的本质则是"爱人"，就是"仁"。父行父道爱其子，子行子道爱其父。有个学生问什么是仁，孔子说："爱人。"（《论话·颜渊》）真正爱人的人，是能够履行社会义务的人。所以在《论语》中可以看出，有时候孔子用"仁"字不光是指某一种特殊德性，而且是指一切德性的总和。所以"仁人"一词与全德之人同义。

　　《论语》记载："仲弓问仁。子曰：……己所不欲，勿施于人……"（《颜渊》）孔子又说："夫仁者，己欲立而立人，己欲达而达人。能近取譬，可谓仁之方也已。"（《论语·雍也》）

　　由此看来，如何实行仁，在于推己及人。"己欲立而立人，己欲达而达人"，换句话说，"己之所欲，亦施于人"，这是推己及人的肯定方面，孔子称之为"忠"，即"尽己为人"。推己及人的否定方面，孔子称之为恕，即"己所不欲，勿施于人"。推己及人的这两个方面合在一起，就叫作忠恕之道，就是"仁之方"（实行仁的方法）。

　　后来的儒家，有些人把忠恕之道叫作"系矩之道"。就是说，这种道是以本人自身为尺度，来调节本人的行为。《礼记》中有一篇《大学》，说："所恶于上，毋以使下。所恶于下，毋以事上。所恶于前，毋以先后。所恶于后，毋以从前。所恶于右，毋以交于左。所恶于左，毋以交于右。此之谓系矩之道。"《礼记》中另有一篇《中庸》，相传是孔子之孙子思所作，其中说："忠恕违道不远，施诸己而不愿，亦勿施于人。……所求乎子，以事父。……所求乎臣，以事君。……所求乎弟，以事兄。……所求乎朋友，先施之。……"《大学》所举的例证，强调忠恕之道的否定方面；《中庸》所举的例证，强调忠恕之道的肯定方面。不论哪个方面，决定行为的"系矩"都在本人自身，而不在其他东西之中。

　　忠恕之道同时就是仁道，所以行忠恕就是行仁。行仁就是履行在社会中的责任和义务，这就包括了义的性质。因而，忠恕之道就是人的道德生活的开端和终结。《论语》有一章说："子曰：'参乎！吾道一以贯之。'曾子曰：'唯。'子出，门人问曰：'何谓也？'曾子曰：'夫子之道，忠恕而已矣。'"（《论语·里仁》）

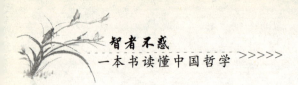

每个人在自己心里都有行为的"系矩",随时可以用它。实行仁的方法竟如此简单,所以孔子说:"仁远乎哉?我欲仁,斯仁至矣。"(《论语·述而》)

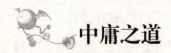

中庸之道

在孔子的中晚年,他提出了"中庸"的思想,完成了对"仁""礼"的补充和完善。这标志着他的思想的系统化。

中庸的含义其实比较明确。所谓"中",就是恪守中道、不偏不倚的意思。所谓"庸",就是常、不变的意思。中庸就是常守中道,中正平和。孔子要求人们在认识和行为上,都要把握适当的度,以保持事物的相对平衡,使其言行符合既定的认识和道德标准,做到恰如其分,恰到好处;既不要不够,又不要过头。

有一次,子贡问老师:"师与商也,孰贤?"师,就是子张,商其实就是子夏,他们都是孔门了不起的弟子。在性情上面,子张与子夏哪一个更好啊?孔子就说,子张有时候会稍微过头一点,子夏有时候觉得不足、不及,还达不到这个标准。一个性情张狂一点、过一点、激烈一点;一个不足,达不到。那么子贡就问,"难得施欲矣?"那是不是子张过了一点更好呢？孔子的回答是：过犹不及。过和不及都不好，都没有达到中正的标准。这是讲的性格上子张和子夏谁最好。

那么谁达到了中庸的标准呢？孔子认为，古代的舜达到了，现在颜回也达到了这个标准。

舜原本是一个平民，他的父亲、弟弟、后母都非常狠毒，他的父亲一再设计要害死他。他只是一再躲避，没有用极端的办法来报复，并一如既往地孝亲，从而孝道远近闻名。后来尧就把帝位禅让给他。孔子赞许舜是有大智慧的人，他能够很好地体察下情，能够不揭别人的短处而宣扬别人的长处；对待事物能够从正反、本末等多个方面进行考察，做到不偏不倚。由于舜的德行达到了圣人境地，他生时能够统领四海，死了能够享受宗庙祭祀，受到万世瞻仰。

颜回是孔子最得意的学生，孔子多次赞美他说："贤哉，回也。"颜回性情温和，安贫乐道，善良宽容。孔子说："我和颜回整天谈论学习，颜回总是不发表不同意见，好像很笨的样子。但是事后考察他平时的言论，发现对于我的话还有许多发挥的地方，可见颜回并不笨。"颜回的为人就是这样，选择了中庸之道就能够坚持下去，得到一个善端就能够牢牢记在心里，并且老老实实地进行下去而不把它丢掉。

由此可见，中庸首先是一种道德，其次才是一种方法，说到底是一种追求和谐的思想。

对于统治者的中庸之道，子张问孔子，怎么样才能从事政治呢？孔子说，从历史上看，尧、舜、禹、汤承受天命，不敢怠慢，严于律己，勤于政务，按照宽厚、诚信、勤勉、公正的原则行事，得到了民众的拥戴。从当时社会来看，要做到尊崇五美，就是君子施惠于民众，自己却不浪费；使用民众，民众却不抱怨；自己有所追求却不贪婪；

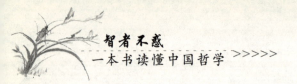

安泰矜持却不骄傲；有威严但不凶猛。还要做到摒除四恶，即事前不教诲，犯罪就杀头；事前不提醒，事后横加指责；事前迟迟不发令，发令就限期完成；赏赐人却出手吝啬。做到了尊五美、除四恶，就能得到民众的信任和拥护。总的来说，就是实现宽威并济，保持好度，既不左倾又不右倾。

他赞美过心中的楷模——郑国的子产的为政方针，说："多么完美妥善啊！政治太宽老百姓就怠慢非礼，怠慢非礼就应该以苛酷的刑罚加以纠正；刑罚苛酷必然使百姓受到残害，这时就应该实行宽厚的统治方法。以宽厚缓和苛酷，以苛酷纠正宽舒，就可以达到政通人和了。"

孔子的政治主张，体现了中庸之道。比如他说："钓而不纲，弋不射宿"，就是主张不要用渔网大面积的捕鱼，这样的方式已经超越了维持生计的限度，而是以渔利为目的了。孔子说的宿鸟，是指在巢穴孵化幼鸟的大鸟，大多鸟类是为繁殖后代而筑巢。避免射杀繁殖期的大鸟，可以避免殃及幼鸟，保护鸟类的繁衍。这样保持一个度，就能达到人和大自然的和谐。

在个人道德修养上，孔子要求每一种品格都把握好一个中间的度，才能达到一个完美的状态。子贡问他："贫穷而不去巴结人，富有而不骄傲自大，这种人怎么样呢？"孔子说："当然可以，但是还不如贫穷而仍然快乐，富有而尚好礼节。"

他还说："君子矜持而不争执，合群而不结派。"合群而不结派，就是孔子对人际关系的中庸之道。

对于奢侈和节俭，他说："奢侈就会不恭顺，节俭就会寒伧。与其不恭顺，宁可寒伧。"可见，孔子是个不追求奢侈浪费，但是决不小则是指天命，即天的命令或天意；换句话说，它被看作一种有目的的力量。但是后来的儒家，就把命只当作整个宇宙的一切存在的条件和力量。我们的活动，要取得外在的成功，总是需要这些条件的配合。但是这种配合整个地看来，却在我们能控制的范围之外。所以我们能够做的，莫过于一心一意地尽力去做我们知道是我们应该做的事，而不计成败得失。这样做，就是"知命"。要做儒家所说的君子，知命是一个重要的必要条件。所以孔子说："不知命，无以为君子也。"（《论语·尧曰》）

由此看来，知命也就是承认世界本来存在的必然性，这样，对于外在的成败也就无所萦怀。如果我们做到这一点，在某种意义上，我们也就永不失败。因为，如果我们尽应尽的义务，那么，通过我们尽义务的这种行动，此项义务也就在道德上算是尽到了，这与我们行动的外在成败并不相干。

这样做的结果，我们将永不患得患失，因而永远快乐。所以孔子说："知者不惑，仁者不忧，勇者不惧。"（《论语·子罕》）又说："君子坦荡荡，小人长戚戚。"（《论语·述而》）

在道家的著作《庄子》中，可以看到道家的人常常嘲笑孔子，说他把自己局限于仁义道德之中，只知道道德价值，不知道超道德价值。表面上看，他们是对的，实际上他们错了。请看孔子谈到自己精神修养发展过程时所说的话吧，他说："吾十有五而志于学，三十而立，四十而不惑，五十而知天命，六十而耳顺，七十而从心所欲，不逾矩。"（《论语·为政》）

孔子在这里所说的"学"，不是我们现在所说的学。《论语》中孔子说："志于道。"（《述而》）又说："朝闻道，夕死可矣。"（《里

仁》）孔子的志于学，就是志于这个道。我们现在所说的学，是指增加知识，但是"道"却是我们用来提高精神境界的真理。

孔子还说："立于礼。"（《论语·泰伯》）又说："不知礼，无以立也。"（《论语·尧曰》）所以孔子说他三十而立，是指他这时候懂得了礼，言行都很得当。

他说四十而不惑，是说他这时候已经成为知者。因为如前面所引的，"知者不惑"。

孔子一生，到此为止，也许仅只是认识到道德价值。但是到了五六十岁，他就认识到天命了，并且能够顺乎天命。换句话说，他到这时候也认识到超道德价值。在这方面孔子很像苏格拉底。苏格拉底觉得，他是受神的命令的指派，来唤醒希腊人。孔子同样觉得，他接受了神的使命。《论语》记载："子畏于匡，曰：'……天之将丧斯文也，后死者不得与于斯文也；天之未丧斯文也，匡人其如予何！'"（《子罕》）有个与孔子同时的人说："天下之无道也久矣，天将以夫子为木铎。"（《论语·八佾》）所以孔子在做他所做的事的时候，深信他是在执行天的命令，受到天的支持；他所认识到的价值也就高于道德价值。

不过，我们将会看出，孔子所体验到的超道德价值，和道家所体验到的并不完全一样。道家完全抛弃了有理智、有目的的天的观念，而代之以追求与混沌的整体达到神秘的合一。因此，道家所认识、所体验的超道德价值，距离人伦日用更远了。

上面说，孔子到了七十就能从心所欲，而所做的一切自然而然地正确。他的行动用不着有意的指导，他的行动用不着有意的努力，这代表着圣人发展的最高阶段。

第三章

墨子：儒家的反对者

在代表新兴地主阶级利益的法家崛起以前，墨家是先秦和儒家相对立的最大的一个学派，并列"显学"。

墨家同时也是一个有着严密组织和严格纪律的团体，最高的领袖被称为"巨子"；墨家的成员都称为"墨者"，必须服从巨子的领导，听从指挥，可以"赴汤蹈刃，死不旋踵"。

兼爱：墨子思想的核心

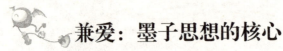

　　墨子（约公元前 480 年—公元前 400 年），是春秋末战国初的思想家、学者，墨家学派的创始人，鲁国人，有的说是宋国人。

　　墨子平民出身，是小工业者。他精通手工技艺，可与当时的巧匠鲁班相比。他自称是"鄙人"，被人称为"布衣之士"和"贱人"。汉朝的王充甚至说，孔子和墨子的祖先都是粗鄙之人。墨子曾做过宋国大夫，自诩说"上无君上之事，下无耕农之难"，是一个同情"农与工肆之人"的士人。墨子曾经从师于儒者，学习孔子之术，称道尧舜大禹，学习《诗》《书》《春秋》等儒家典籍，但后来逐渐对儒家的烦琐礼乐感到厌烦，最终舍掉了儒学，形成自己的墨家学派。

　　在代表新兴地主阶级利益的法家崛起以前，墨家是先秦和儒家相对立的最大的一个学派，并列"显学"。

　　墨家同时也是一个有着严密组织和严格纪律的团体，最高的领袖被称为"巨子"；墨家的成员都称为"墨者"，必须服从巨子的领导，听从指挥，可以"赴汤蹈刃，死不旋踵"。

　　墨子的思想共有十项主张：兼爱、非攻、尚贤、尚同、节用、节葬、非乐、天志、明鬼、非命；其中以兼爱为核心，以节用、尚贤为基本点。

"兼爱"是墨子思想的中心，也是墨子一生从事政治和学术活动的归缩。墨子对当时社会的动乱情况进行了总结，认为国家之间的征战、君臣上下的篡乱、家庭人伦的不合、人与人之间的争斗，其实都是由相互之间"不相爱"而产生的。而医治的药方，就是"兼以易（代替）别"，爱无差等。墨子在中国哲学史上第一次提出了不分差别彼此而普遍相爱的"兼爱"思想，要求"视人之国若视其（己）国，视人之家若视其家，视人之身若视其身"。因为人与人之间本是平等的关系，通行的应当是"有力者疾以助人，有财者勉以分人，有道者劝以教人"的原则。在如此的社会图景下，先秦时期激烈的征战、劫夺、欺诈等人类社会的恶习都被消除了，"天下之人兼相爱"，到处是一派和睦美好的景象。

但是，墨子讲仁却反对礼，认为儒家讲礼是"縻财而贫民""伤身而害事"。跟儒家提出"仁"作为对春秋战国纷乱社会的应答不同，墨家提出了"兼爱"的思想作为他们的治世理想。与儒家以仁为核心，以"义"为准则大异其趣，墨家从"兼爱"出发，却以"利"规范行为。不过，墨家所讲的"利"，不是个体的私利，而是天下的公利。这种公利，其实质也就相当于儒家的"仁"。因此，积极地为天下人谋福利，是墨家的立足根本。跟儒家走"上层路线"不同，墨家提出"兼爱"的主张，而且还身体力行，用自己的实际行动去实现这一目标。墨家之徒行侠仗义、急他人所急、想他人所想的精神，对后世的侠文化有很深的影响，这是众所周知的。除此之外，墨家从墨子到其学徒，都亲身参加生产劳动，为他人利益而不爱惜自身，奔走四方解人急难。

墨子兼爱思想对建立人际关系的和谐是有价值的。

墨子讲"兼爱",不仅是超越亲疏、超越贵贱的普遍之爱,而且超越了种族、超越了国别。于是,墨子直接要面对的,就是如何对待战争。

非攻:反对不义之战

墨子生活的时代,正是春秋战国时期,中国社会呈现出空前的大动荡、大分化、大变动的局面,争霸战争接连不断,大国争相拓土开疆,掠夺兼并,战争频仍。《春秋》所记载的242年间,就发生了300多次战争。

墨子看到,国与国互相攻伐,家与家互相掠夺,人与人互相残杀,国破家亡,民不聊生,给劳动人民带来了巨大的灾难。老百姓因战争贻误农时,"居处之不安,食饭之不时,饥饱之不节";战争之中,妇幼老弱一概难于幸免,《墨子·非攻中》:"今攻三里之城,七里之郭……杀人多必数于万,寡必数于千。"墨子连用八个"不可胜数",揭露了战争直接杀人和间接杀人的残酷性。墨子认为,人无贵贱,生而平等,"皆天之臣也",国无大小,"皆天之邑也"。指出战争乃天下最大的祸害,而人民群众则是最大的受害者。"非攻"成为"兼爱"在战争问题上的必然结论。

墨子主张非攻，是特指反对当时的"大则攻小也，强则侮弱也，众则贼寡也，诈则欺愚也，贵则傲贱也，富则骄贫也"的掠夺性战争。墨子以是否兼爱为准绳，把战争严格区分为"诛"（诛无道）和"攻"（攻无罪），即正义与非正义两类。"兼爱天下之百姓"的战争，如禹攻三苗、商汤伐桀、武王伐纣，是正义战争。反之，大攻小，强凌弱，众暴寡，"兼恶天下之百姓"的战争，是非正义的。非正义的战争"攻"要坚决制止。为此，他奔走呼吁，开展广泛的外交活动，宣传他"非攻"的主张，并开办军事学科，培养军事人才，派到各国做武官，目的是游说大国、强国的君王不发动战争，帮助弱小的国家打赢防御战。墨子与众弟子多次成功地制止了大国侵略小国的不义之战，一些把墨学称为"贱民之道"的君王，不得不在墨子的游说下，承认攻占不义或者放弃攻战。止楚攻宋，止鲁阳文君攻郑，止齐太公攻鲁等，皆是"非攻"理论的实践硕果。鲁迅先生曾以《非攻》为题写成著名的历史小说，赞扬墨子为中国的脊梁和传奇式的伟大英雄。

为了制止战争，让那些发动战争的暴君一无所得，墨子及其弟子精心研究守御之法，墨子"惟非攻，是以讲求备御之法"。墨子深知，光讲道理，大国君主是不会放弃战争的，因而主张"深谋备御"，以积极防御制止以大攻小的侵略战争。这些研究防御作战的论述，集中在《备城门》以下十一篇，形成了一个以城池防守为核心的防御理论体系。这也是"墨守成规"这个成语的由来。

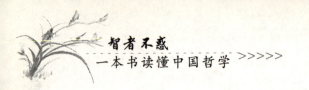

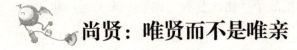
尚贤：唯贤而不是唯亲

所谓"尚贤"，就是任人唯贤。墨子关于《尚贤》上、中、下三篇文章，从总体上看，基本思想相同，讲的都是选官用人之道。而《尚同》三篇，则是墨子提出的避免离乱纠纷，使社会得到安定的主张。

墨子认为，尚贤使能是为政之本，国家的兴亡成败关键在于用人。他说："国有贤良之士众，则国家之治厚；贤良之士寡，则国家之治薄。故大人之务，将在于众贤而已。"一个国家的贤良之士的众寡，以及是否做到尚贤使能，是关系着国家的强弱或兴衰、社会的稳定或混乱之根本。

墨子心目中的贤良之士，就是德行忠厚、道术渊博的德才兼备之人。他说："贤良之士，厚乎德行，辩乎言谈，博乎道术者乎！此固国家之珍而社稷之佐也"。就是人要有好的品行，做事要有利于人民，有利于兴利除害，要有很高的思想水平，能辨析事理，通晓治国的道理和方法。他认为，贤良之能和贤良之义是统一的。也就是说，能够称得上贤良的基本素质，必须是"德行厚"和"道术博"的统一。

墨子提倡选拔人才，各个阶层、士农工商不分亲疏贵贱，以贤能为标准。他认为，国家各级政府中的官职，应该平等地、无条件地向农夫和手工业者等一般平民开放，只要他们具有贤能条件。他说："虽在农与工肆之人，有能则举之。"墨子还有句名言："官无常贵，而民无终贱。有能则举之，无能则下之。"意思是：做官的不能永远富贵，而民众也不会永远贫贱。对有才能的人就举拔他们，对没有才能的人就撤下来。

尚贤是墨子的社会政治理论的核心内容，其目的是让平民百姓中的贤良之士参与管理国家。墨家尚贤使能的用人原则，跟儒家基于血缘关系的"亲亲"用人原则是相对立的。墨子提出"贤"的标准，要求把那些世袭的无才无德的贵族换下来，将符合"贤"的标准的人士选拔上去，正是为了实现他建立贤人政治的愿望。

 ## 尚同：一同天下之义

"尚同"，就是"一同天下之义"，是墨子关于国家起源与政权职能的学说，也是"兼爱"得以实施的政治制度。

墨子在《尚同》阐述了民主选举产生政府的观点：由于原来的无政府状态，"天下之乱，若禽兽然。"所以人们"选天下之贤可者，立以为天子"。"又选择天下之贤可者，置立之以为三公。""立诸侯国

君。""又选择其国之贤可者，置立之以为正长"——从天子到三公，从诸侯到正长、政府各级官员莫不是经民主选举产生。

"尚同"同时要求全社会的思想共识和舆论达到一致，即所谓"上之所是，必皆是之；所非，必皆非之"，要求社会成员的思想都要统一于其长官，下级的思想要统一于上一级，以此逐级统一思想舆论，天下大治。同时墨子十分强调自天子、三公、诸侯，直到地方上的乡长、里长都必须实行举贤良之制，自上而下建立起贤人政治的一套平民民主的体制，以保证思想舆论的统一有正确的方向，即求"兴天下之利，除天下之害"，以利万民。

总结墨子的思想，可以看出他的整体主义的追求——把个体精神的觉醒拉回到整体主义中：第一点，他是反快乐主义的。反快乐主义跟他的兼爱又是有直接关联的。为什么是反快乐主义？因为人生的义务是无限的。你对每个人都负有无限的责任，这在某种意义上是不可能的。只有一种精神状态下我们才可能对每一个人都负有无限责任。那就是宗教精神。由此我们可以看到墨子思想的必然趋向就是准宗教性，他这个无穷尽的献身不在宗教性的情绪里是不可能实现的。而这也恰恰是墨家本身的情形，墨家在先秦已经形成了一个准宗教的组织。《淮南子》里说："为墨子服役者百八十人，皆可使赴火蹈刃，死不旋踵。"这是一种非常强的宗教献身精神，随时可以为这种理想来献祭自己，把自己作为理想的祭品来牺牲自己。到了墨子以后，在墨家的群体里面是以巨子为圣，就是墨家团体的首脑被称为巨子，《吕氏春秋》里面讲，在后期有一个墨家的巨子叫孟圣，孟圣死的时候，他的弟子随他死的有 83 人。但为什么墨家思想不能形成一个真正意义上的宗教组织，而只是一个准宗教意义上的组织？因为墨子思想本身包含了消解宗教因素的力量，其中一个最重要的力量是经验主义，是一种极端世俗的理性精神，因此在墨家思想里根本无法建立起彼岸世界和神力、神迹及神灵。第二点，绝对和平主义以及兼爱的思想，使墨家学派根本无法形成区别于其他群体的尊神以及相关的教义。第三点，由于墨家的思想里没有给出个体的位置，不能给成员带来个体灵魂的解脱。

第四章

道家：无为而治

　　老子，又称老聃，生活在春秋时期，曾在东周国都洛邑任守藏吏（相当于国家图书馆馆长）。他博学多才，孔子周游列国时曾到洛邑向老子问礼。相传老子晚年乘青牛西去，并在函谷关前写成了五千言的《道德经》（又名《老子》），最后不知所终。《道德经》以"道"解释宇宙万物的演变，含有丰富的辩证法思想。老子哲学与古希腊哲学一起构成了人类哲学的两座高峰，老子也因其深邃的哲学思想而被尊为"中国哲学之父"。

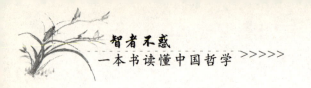
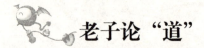

老子论"道"

　　道家，是中国春秋战国诸子百家中最重要的思想学派之一，代表人物是老子、庄子。道家认为天地万物都产生于道、遵循着道，主张自然无为、顺随事理，反对主观臆想、人为造作。道家于春秋时期由老子创立，战国时期庄子和汉代黄老之学是其发展，魏晋时期玄学是其高峰。

　　冯友兰先生认为先秦的道家出于隐士，隐士是中国历史上独特的群体。在印度和基督教的西欧也曾出现过隐士，然而他们都是宗教修行者，靠离群索居的苦行生活磨炼身心，隐居只是达到宗教目的的手段。而中国古代的隐士，把隐居本身当作目的，视之为不苟于俗的生活方式，在自然的和谐中体验生命的真实。他们是"欲洁其身"的个人主义者，情操、志趣和气质常常与众不同，是理想主义者、浪漫主义者。阐发隐士文化，用关涉宇宙、社会、人生的思想体系，将隐士的信仰合理化，这就是道家学说。

　　老子生活在春秋时期，曾在东周国都洛邑（今河南洛阳）任守藏吏。他博学多才，孔子周游列国时曾到洛邑向老子问礼。相传老子晚

年乘青牛西去，并在函谷关（位于今河南灵宝）前写成了五千言的《道德经》（又名《老子》），最后不知所终。《道德经》以"道"解释宇宙万物的演变，含有丰富的辩证法思想，老子哲学与古希腊哲学一起构成了人类哲学的两座高峰，老子也因其深邃的哲学思想而被尊为"中国哲学之父"。老子的思想被庄子所传承，并与儒家和后来的佛家思想一起构成了中国传统思想文化的内核。以下是老子的哲学思想：

一、"道"法自然

老子认为"道"先于天地而生，是天地万物的根据和原则。"道"从古到今独立存在，不停息地、周而复始地按其规律和状态运行。老子说："人法地，地法天，天法道，道法自然。"人的活动仿效地和天的运行规律，地和天的运行效法"道"的原则，"道"则以自己固有的自然而然的本性为法则。老子认为"道"是一种原始浑朴、混沌不分、恍恍惚惚、深远精微、连绵不绝的状态。"道"无声无形，看不见、听不到、摸不着，完全超出感觉的范围。它无知、无欲、无为，接近虚无。但"道"不是绝对的虚无，它有自己的实在性，是真实存在的。这个真实存在的"道"，在宇宙间是唯一的、绝对的，它本身永久长存，不会随着外物的变化而消失，也不会因外在的力量而改变。"道"是空虚的、不盈满的，具有无限的、神妙莫测的功能和作用，其活动的时间、空间、能力、效用是无穷无尽的。但"道"决不存在造作，决不强加于万物，而是听任万物按照各自的本性自然而然地生存和变化。"道"是无作为、无形象而又真实客观的，是独立的、不依赖外物的、自己以自己为根据的，也是自古就存在的，超越时间与空间，既没有开始也没有终结，是创生天地万物的根据。"道"具有独立性、无限性和超越性。

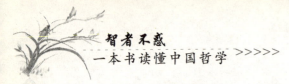
二、"道"生万物

"道"是自然界最初的发动者，它具有无穷的潜力和创造力。万物的蓬勃生长，都是"道"的潜力不断创造发展的一种表现。从万物生生不息、欣欣向荣的成长中，可以看出"道"有一种无穷的活力。老子用"道生一，一生二，二生三，三生万物"来形容"道"创生万物的过程。"一"大概是指宇宙最初的混沌未分之气，"二"是指分化了的阴阳二气，"三"是指阴阳二气结合所成的和气。"道"创生万物以后，还要使万物得到培育、得到成熟、得到覆养。

三、"反者道之动"的辩证法思想

老子认为自然界和人类社会都是变动不居的。他观察到天地间万物万事存在着互相矛盾的两个对立面，例如有无、刚柔、强弱、祸福、兴废等，它们都是互相依存、互相联结的。所以说："有无相生，难易相成，长短相形。"还说："贵以贱为本，高以下为基"，"祸兮福所倚，福兮祸所伏"，表明了对立面双方的同一性。老子还认识到对立面不是一成不变的，它们在向相反的一面转化，他说："正复为奇，善复为妖"，"曲则全，枉则直，洼则盈，敝则新，少则得，多则惑"。老子承认转化，但强调"圣人之道，为而不争"，"以其不争，故天下莫能与之争"。

老子的辩证法思想在军事战略战术的运用方面也很突出。在战术上，他主张"以奇用兵"，还要注意"将欲弱之，以固强之"，"将欲夺之，必固与之"。在战略上，他提出"柔弱胜刚强"的指导思想，他说天下没有比水更柔弱的东西，但攻坚的力量莫过于它。这种战略思想有防止盲目骄傲的一面，但也具有极大的片面性。

四、"虚静""玄鉴"的认识论

老子否认人的认识来源于感觉经验，"不出户，知天下；不窥牖，知天道。其出弥远，其知弥少。是以圣人不行而知，不见而名，不为而成"。他还宣扬"涤除玄鉴"的直观方法，教人们洗心内照。他站在统治者的立场上，反对启迪民智，要人们做到"绝圣弃智"，"绝学无忧"。他认为，"古之善为道者，非以明民，将以愚之。民之难治，以其智多"。因此，他主张"常使民无知无欲"。

五、"小国寡民"的社会历史观

老子主张"小国寡民，使民有什伯之器而不用，使民重死而不远徙。虽有舟舆，无所乘之；虽有甲兵，无所陈之；使人复结绳而用之"，"邻国相望，鸡犬之声相闻，民至老死不相往来"。他向往结绳记事的原始社会，认为在这种社会中人民会"甘其食，美其服，安其居，乐其俗"，表现出复古倒退的消极思想。

总之，老子首先提出了"道"这一最高的哲学概念，以"道"为天地万物存在的本原，对于历代的思想家曾产生过深刻的影响。战国末年的韩非，利用并改造了老子关于"道"的学说，认为"道"是万事万物的总法则。战国时期形成到汉初盛行的道家学派的黄老之学，也利用老子的"道"缔造自己的学说体系，将"道"和法家思想直接联系起来；导源于老子的黄老自然主义对无神论思想产生了很大的影响；东汉唯物主义者王充著《论衡》，亦取道家自然之说。

东汉时，道教形成，《老子》成为道教哲学的中心思想。魏晋玄学盛行时，《老子》为三玄之一，何晏作《道德论》，王弼撰《老子注》，发挥唯心主义本体论。

魏晋以后，引道入儒，儒、道合流，老子思想对后世儒家特别是革新派改良派如王安石、魏源、严复等产生一定影响。2000多年来，对老子哲学历代有各种各样的解说和注评，有的接近原著本义，有的不拘原著，肆意发挥。老子哲学作为中国古代思想的重要遗产，在哲学、政治、人生诸方面，都曾发生过积极的或消极的重大影响。

 # 庄子其人与其书

庄周，宋国蒙人（今河南商丘、安徽亳州一带），生卒年不详，约在公元前369年—公元前286年，与孟子同时而稍后，先秦最大的道家，曾做过管漆园的小官，自幼家境贫寒，生活贫困。现存《庄子》一书，内容复杂，是经过后人整理而成的，大都为寓言。它分为内篇、外篇和杂篇，其中包括庄周本人及其后学的作品。历来研究者对哪些篇是庄子本人的作品，有不同看法。但传统的多数意见认为，"内篇"七篇基本上代表了庄子的思想体系。他的思想和著作当时就很出名。《史记》载，楚威王闻庄周贤，使使厚币迎之，许以为相。庄周笑谓楚使者曰："千斤，重利；卿相，尊位。子独不见郊祭之牺牛乎？……子亟去，无污我。……我宁游戏污浊之中自快，无为有国者所羁。终身不仕，以快吾志焉。"他的哲学继

承了老子哲学的基本立场，但体系更为宏大，内容更为丰富，形式更为活泼。庄子常以寓言、故事、比喻等形式阐发哲理，其构思之新奇、运思之深邃、用语之精巧，先秦诸子很少有人能与他媲美。道家学派能在历史上产生巨大的影响，在很大程度上得力于庄子。

《内篇》是《庄子》全书的精华。包括的七篇文章是：《逍遥游》《齐物论》《养生主》《人间世》《德充符》《大宗师》和《应帝王》。这七篇文章，分开来看，每一篇都是首尾完整、结构严密的独立的文章；但总体来看，又互相呼应、互相补充，构成了一个大的体系，更特别的是，这样一部思维严密、内容深刻的著作，却主要是以寓言的方式写作的。作者把玄妙、抽象的哲理融于具体形象、简单的故事中去，让读的人很容易理解他所想表达的观点。

内七篇全面地阐明了庄子的宇宙观、历史观、人生观、道德论和政治论。它的基本内容是：描绘了宇宙的形成、万物的产生和人的本性，说明人应该怎样看待世界万物、怎样处理人和自然、人和社会以及人与人的关系；主张人应该从事自我修养，恢复淳朴的天性，与自然合为一体，达到"充我""无己"、绝对自由的境界；要懂得一切事物的差别都是相对的、暂时的，甚至都是虚幻的，因而应该把一切的是与非、大与小、善与恶、美与丑都看成一样的；治理天下，要无为，即不要做太多的干涉，让一切自由发展，要回到远古的蒙昧时代；而这一切，都是为了符合产生一切、主宰一切的"道"。这样，世界万物才能合乎天理，顺乎自然；社会安定，人无是非哀乐的干扰，才能养生长寿。

庄周追求天人合一的理想，他在《逍遥游》《齐物论》《养生主》《人间世》《德充符》等篇中，从处世哲学、认识论、养生之道、道德论等方面阐述了如何实现这一理想。《逍遥游》与《齐物论》是《庄子》一书中最有代表性的名篇，可说是《庄子》中光彩夺目的双璧。这两篇文章中所提出的理论，不但是庄子的思想体系中最重要的组成部分，而且在我国古代思想史上也是影响深远的、著名的哲学观点。

逍遥是人的理想境界

《庄子·逍遥游》以义名篇。"逍遥"，悠然自得、自由自在、没有拘束的样子。"游"，交游，指与人、与事、与自然界的相处往来。庄子认为逍遥是人的理想境界。为了达到这一境界，首先必须做到"无待"，即摆脱与外界事物的对待、依赖关系，而做到"无待"的关键又是"无己"。就是以内在的精神力量超越外在的条件乃至形欲与知虑的限制，以达到实现精神上的绝对的自由。

"鲲鹏变化"的故事是人们所喜爱和经常引用的，它是《逍遥游》开篇所讲的第一个寓言。说的是北冥（冥即溟，北溟即北海）有条鱼，它的名字叫鲲。鲲的体积巨大，大得不知道有几千里。它一变而成为鸟，名字叫鹏。鹏的脊背也不知道有几千里。鹏奋起飞翔，它的翅膀就像从天上垂挂下来的云彩。这只鸟，当风起海动时就要由北海迁移到南极大海。南极大海，是天然的大池。当大鹏迁往南极大海时，先用翅膀拍打海水，激起三千里宽广的海浪，掀起巨大的旋风。然后，借旋风的力盘旋而上，飞到九万里的高空。一飞就要用六个月的时间，到达南海才能停下来。可是，胡蝉和楚鸠这些小雀儿听说后嘲笑大鹏说："它何必飞那么远呢？我轻易地从地上飞起，疾速地抵达榆树和檀树，一个时辰飞不到，那就落到地上罢了。我向上飞腾不过几丈高就落下来，在蓬草香蒿中间翱翔，非常愉快，这已经达到飞翔的顶点。为什么偏要飞向九万里的高空又往南极大海飞去呢？"

"逍遥游"的意思是自由自在地遨游，不受到任何约束和任何条件的限制。在庄子看来，小雀不理解大鹏因而嘲笑它，固然可笑可怜。可是不论是大鹏雄飞万里，还是小雀腾跃在蓬蒿之间，这只是大小的差别罢了，其实它们都要受到限制。小雀不说，就算是大鹏，它能飞九万里则是因为它凭借了大风的力量，有大风在它的翅膀下，它才能无法遏止地飞翔，而后才能飞到南极大海。再如，朝生暮死的菌类植物，不可能知道什么是一昼夜。生命只有一个夏季或一个秋季的寒蝉，不会知道什么是一年。这就是"小年"。楚国的南面有一种冥灵树，以五百年为一个春季，以五百年为一个秋季；远古时代有一种大椿树，更以八千年为一个春季，八千年为一个秋季。这就是"大年"。"大年"虽然不知比"小年"长了多少倍，但终究还是有限度的，这就是因为两者都要受到时间的限制。总之，这都叫作"有所待"，即有所依赖或凭借而受到了限制，只能在一定的时间或空间的范围内活动，而不能超越这个范围。这样，它们的自由就是有一定限度的，而不是绝对的自由，所以不能算是"逍遥游"。

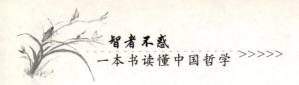

　　下面接着又写了一个叫宋荣子的人，说当整个社会上的人都赞美他的时候，他不以为荣；当整个社会上的人都批评他的时候，他也不因此而更加沮丧。他对自己的内心和外界的事物有明确的见解，对于光荣和耻辱有自己的标准。他对世俗的声誉不去追求。庄子认为这样的人世界上很少有，但他还没有达到最高的境界。

　　他还写了有个叫列子的人，他能驾着风飞行，样子轻快美妙极了，一直走了十五天才返回来。对于求福的事，从来不去涉及。庄子认为，能像列子那样幸福自由的人世界上少见，可是他虽然不必用脚走路、却仍要凭借风力，还是"有所待"的。庄子认为，只有那种顺应自然的本性，能够顺应天地间的阴、阳、风、雨、晦、明六种气的变化，能不受时间、空间的限制，而任意无边无际地遨游的人，才是"无所待"的，这只有"至人""神人"和"圣人"才能做得到。至人忘掉了自己，神人不去追求有功，圣人不去追求成名，所以他们不需要凭借任何外力而受到限制，这才叫"无待"。"无待"才是庄子理想中的最高境界，也就是绝对自由的境界——"逍遥游"。

　　根据这种十足的幻想，庄子又幻构出一个最典型最美好的人物形象。他说在藐姑射山上，住着一位神人，她的皮肤像冰雪一般洁白，她的风姿像处女一般秀美。她不吃五谷杂粮，只吸清风，饮甘露。她乘着云气，驾着飞龙，在四海之外遨游。她精神凝聚专一，对万物不闻不问，从而使万物不受灾害，年年五谷丰收。她同万物融为一体，没有任何东西能伤害她。洪水涨到和天一样高也淹不着她，大旱时热到金属和石头都熔化了，田地和大山也都烤焦了，她也不感觉到热。用她身上非常细小的尘子和糟糠，就可以造就出尧和舜这样的古代圣帝来。那么，她怎么肯去做治理天下的这种俗事呢？

　　庄子塑造了这么一个神人，是为了说明他所追求的"无待"，即绝对自由的境界。庄子提出这种理想境界，其实质就是要摆脱生活在当时混乱的社会中的一切痛苦和烦恼，具体的做法就是不求名，不求利，清除心中的一切杂念。这样，就不会产生任何欲望，也就没有喜怒哀乐之情，甚至连自身的存在也忘掉了；于是内心是一片虚无安宁，就在心中创造出了一个绝对自由的世界。对外在世界，没有任何的需求，也不去干涉，与人无争，与世无争，这样对外也就获得了绝对的自由。

　　当然，这些都只是幻想，根本没有办法实现。事实上，即使是作为一个生物的人，也有衣食住行的生活需要，这些需要必然要向外界索求，否则是无法活下去的。更何况人是生活在社会中的，必须要受到社会的（在阶级关系中还要受到一定阶级关系的）制约和影响。人们绝不可能脱离社会而绝对独立地存在。庄子所追求的绝对独立的境界，仅仅是一种逃避现实而不可能实现的愿望，是一种心造的幻影。他的理想只能在精神上达到，只能在内心的天地里自由驰骋地"逍遥游"。

齐同万物

　　既然向往脱离社会而事实上又身居于这混乱的社会之中，那么，对世界上形形色色的事物，社会上的纷扰以及各学派的激烈争辩又该

如何看待呢？这就是《庄子·齐物论》所要回答的问题。

"齐物论"有两种解释：齐物之论与齐同物论。其实两者是密切相关的。物论就是人们对事物的评论。不同的人对不同的事物会产生不同的评论。而庄子认为，事物本身是不分彼此的，因而都是齐同的、一样的。而人们关于是与非、然与否的争论都是从各自的立场出发，抱有私心成见的结果。庄子认为，从道的观点来看，万物是齐同的，因此物论也应该是齐同的。

篇中有个著名而又奇特的论点："天下莫大于秋毫之末，而泰山为小；莫寿于殇子，而彭祖为夭。"说天下没有比秋天里鸟兽新生出的毫毛的尖端再大的东西了，而泰山是最小的；没有比夭折的小孩更长寿的了，而寿至八百岁的彭祖是短命的。庄子这种说法同人们的常识恰好相反，这是为什么呢？原来，庄子认为，天下万物虽然看起来是千差万别的，但其实同出一源——"道"，道即是"无"。如果同无相比，秋毫之末当然可以说是极大的了；而天地万物浑成一体，泰山只是在其中的非常小的一部分。所以他继续说："天地与我并生，万物与我为一。"这就是说，天地、万物和人浑为一体，因为都是从"道"派生出来的，所以它们的本质是一致的；而它们之间的差别则是相对的、暂时的，因而差别是微不足道的。能消除所有差别，把握本质，齐同万物，这样来看待客观事物，就是"齐物论"。

在庄子看来，像一般人那样去仔细辨别秋毫之末与泰山大小，殇子和彭祖的寿夭，斤斤计较于区分事物的差别，是徒劳的，没有意义的，是由于不懂得"道"。他在《逍遥游》中把大鹏和小雀、万年大树和朝生暮死的朝菌的差别看成是微不足道的，也正是"齐物"理论的应用。同样的道理，庄子认为人们的是非之争也是没有意义的。

在《齐物论》中说："夫随其成心而师之，谁独且无师乎？"意思是如果依据自己的主观成见作为是非标准，那么谁没有一个标准呢？"他还说："夫言非吹也，言者有言，其所言者特未定也。果有言邪？其未尝有言邪？其以为异于鷇音，亦有辩乎，其无辩乎？"意思是：言论不是吹风，发表言论的人都有所说的内容，但他们的言论又都自以为得当而不能有定论。他们果真有这些言论呢？还是没有过这些言论呢？他们都自以为自己的言论不同于刚出蛋壳的小鸟叫声，到底是有分别呢，还是没有分别呢？庄子认为儒家、墨家的争论，是"以是其所非而非所是。欲是其所非而非其所是。则莫若以明，物无非彼，物是非是。自彼则不见，自是则知之。故曰：彼出于是，是亦因彼。彼是，方生之说也"。这是说，儒墨显学的是非之争，他们都是各自肯定对方否定的东西，而各自否定对方肯定的东西。如果要肯定对方的所非而非议对方的所是，还不如以空明的心境去真实地反映事物的实情。宇宙间的事物没有不是彼的，也没有不是此的。从彼方看不见此方，从此方来看就知道了。所以说，彼方是出于此方，此方也依存于彼方。彼与此是相互依存。

因此，庄子说像儒家、墨家这样各自坚持己见，攻击对方，唇枪舌剑，身心受累，沉溺其中而不能自拔，这是多么无谓、没有意义啊！从彼与此的角度去说，对事物的认识也是一样的道理。庄子认为人的形体是道产生的，人的认识（心）也是道赋予的，所以人只要按照道所赋予的认识能力（成心）去认识世界，就能得到正确的认识，不论聪明人或愚笨人都一样，但是人们往往用主观片面的认识（"小成"之心）蒙蔽了道，因此产生了是非之争。

照他说来，是和非也是相对的，就同彼和此是相对的一样。任何事

物都是"彼",也都是"此"。因为任何事物就自身来说都是"此",而对其他事物来说,又都是"彼"。从"彼"方看"此"方,总有看不到的地方;从"此"方看自身,就可以看得很清楚。是与非也是这样,你认为是的,他认为非,其实果真是"是"吗?果真是"非"吗?最好的办法是不要对立和互相攻击,而要任由它们各行各自的是非,这种办法叫作"两行"。也就是说,让是与非、彼与此,以及万物,按照自然规律自由地发展变化,就像在一个圆环上运行,流转无穷,而不再是相互对立。这样就可以使对立的事物,如儒家与墨家的争论以及诸子百家之间的争论不休都消除了,一切差别都消失了,而"道能为一",即统一于道了。这样看待事物就是掌握住了"道枢",即道的枢纽。

庄子的"齐物论"的理论基础是"万物同源"。单单就认为世界万物的本源是一致的而言,万物同源的论点是有道理的。可是,庄子把世界万物的本源归之于精神上的道,又因本源上的一致而抹杀万物之间存在的质的差别(各个具体事物有自己的特殊本质),却是错误的。庄子指出不同事物的差别和斗争是相对的、暂时的,这在一定条件下也有其合理性;可是,他强调这种差别和斗争是微不足道的,从而在实际上否定了客观存在的斗争的对立和斗争的绝对性,这一点是错误的。还有,他把事物的转化说成"物化",即一切都是"道"的变化,道生万物,道也能变化万物。

《齐物论》的最后写了一则有关"物化"的寓言,就是有名的"庄生化蝶"的故事:

过去庄周做梦,梦到自己变成了一只飞舞自得的蝴蝶,生动活泼,自己适合心意而感到愉快,竟然忘记了自己是庄周。可是过了一会儿他睡醒了,意识到自己仍然是庄周,感到惊疑不止。不知道是庄周在

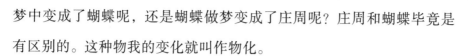

梦中变成了蝴蝶呢，还是蝴蝶做梦变成了庄周呢？庄周和蝴蝶毕竟是有区别的。这种物我的变化就叫作物化。

这就是说：庄周也罢，蝴蝶也罢，其实都是道的变化，就是"物化"外形虽然变化了，而其实质"道"并没有变化。事物千变万化，给人以"物不齐"的感觉，如果能透过事物外表的不齐，认识到事物的本质都是"道"，那么，万事万物自然就齐同了，这就是"齐物论"。

庄子与蝴蝶都渴望飞翔自由，只是形体不同而已，或许是蝴蝶的精神进入了庄子的体内，而总是向往逍遥；又或者是庄子的精神外化为蝴蝶，蝴蝶就是自我，在自由翩翩，万物之间总有相通之处，这种东西，大概就源自于道吧；人不用刻意追逐过多身外之物，也不用想象太多乌有之物，闲下来，望一望蝴蝶，那就是我们的精神在飞舞，而不要一定刻意地将蝴蝶的翅膀或者飞翔的能力化为人类的能力。

我们知道，事物的转化必须具备一定的条件，能够转化的乃是现实的、具体的矛盾。庄子提出一个玄妙万分的"道"，认为世界上任何事物都可以无条件地随意转化，这就属于唯心主义的幻想。他用这种高深、神秘莫测的理论来否认了万物的差别，抹杀一切矛盾，不过是为了逃避现实而求得内心的安宁罢了。

《逍遥游》《齐物论》和《庄子》中其他许多篇章都反映出：庄子对事物无时无刻不在运动、在变化，对事物的相对性和对立事物的互相转化，都有一定的认识。虽然，庄子把这种相对性绝对化了，否认小大之分和是非之别，抹杀了客观真理的存在，陷入了相对主义和不可知论，这是庄子唯心主义的必然归结。但是，在庄子的思想中，蕴含着相当丰富的辩证思维的因素，这毫无疑问是庄子哲学思想中非常可贵的成就。

中国古代哲学史上的唯心主义有种种表现。有的人强调主观精神，却是为了逃避现实，抹杀现实社会中的矛盾和斗争，这实际上是对现实的屈服。显然，庄子的唯心主义哲学是他的消极厌世的人生观的理论依据。

处世的方法

《庄子·养生主》的主旨是讲庄子的"缘督以为经"的人生观。主，主宰者。养生主是指支配养生处世的原则，或者说是养生之道。他主张顺应事物之自然法理，而不被外在的物欲所拘泥；忘却感情，同时又不违逆自然。这一篇中体现了庄子的人生观。讲养生之道，庄子在文中写了"庖丁解牛"的寓言：

厨师给文惠君宰牛，手所触到的，肩所抵住的，脚所踩着的，膝所顶着的，都发出窸响声，进刀时发出粗放的声音，没有不符合乐音的。既符合《桑林》舞曲的拍节，又符合《经首》的乐曲节奏。文惠君看了说："哎呀，太好了！技巧怎么能达到这种程度呢？"

厨师放下刀回答说："我所爱好的是道，已经超过技巧了。最初我宰牛的时候，所看到的无非是牛；三年之后，我就未曾看到过整个的牛了。到了现在，我只用心神去和牛接触，而不用眼睛去看，感觉停止了而心神在活动。我依照牛的身体的自然结构，劈开筋肉相连的间隙，导入骨节之间的空当，因循它本来的结构运转刀口，不再碰到牛身上经脉筋骨相连接的地方，更别说大块的骨头了。

"好的厨师每年要更换一把刀，因为他们是用刀来割开牛的筋肉，一般的厨师则每月就要更换一把刀，因为他们用刀来砍开牛的骨头。现在我的这把刀已经用了十九年了，宰的牛已经有好几千头了，可是刀刃还像刚刚磨过的一样。牛的骨节有空隙，而刀刃薄得就像没有厚度一样，以没有厚度的刀刃切入有空隙的骨节，就可以宽绰地运转刀口，必定是有回旋的余地的，所以这把刀用了十九年，还像刚刚磨过的一样。

"虽然如此，每当碰到筋骨交错聚结的地方，我觉得很难下刀，不得不小心谨慎，眼神专注，行动迟缓，动刀很轻，牛就哗啦解体了，就像土堆散在地上一样。这时，我提刀站着，环视四周，心安理得，把刀擦拭得干干净净而收藏起来。"

文惠君说："好啊！我听了厨师的话，懂得了养生的道理啦。"

寓言中这位厨师的技艺非常高，已达到不用眼睛去看，而用精神去指挥操作的神奇地步。他运刀自如，能在骨肉的间隙中走刀，连一点点的筋骨也不会碰到，所以他的刀用了十九年，刀刃还像刚磨过的一样。这个寓言故事意在说明人要顺应天理而行，一切顺乎自然，使心境安宁平和，才能达到养生长寿的目的。

本篇末还有一个讲要忘却感情，顺应天理、顺应自然之本性的寓言故事：

老聃死去，秦失吊唁他，哭一阵儿就出来了。老聃的弟子说：

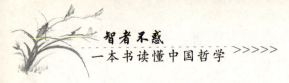

"你不是我们老师的朋友吗?"

秦失说:"是的。"弟子说:"那么这样吊唁,行吗?"

秦失说:"行的,以前我认为你们都是得道之人,现在看来并非如此。刚才我进去吊唁时,看见有年长的人在哭他,像在哭自己的孩子似的;有年轻的人在哭他,像在哭自己的父母似的。你们聚集在这里,必定有不想说的话而说了,不想哭而哭了。这是违反天性而增加欲性的,忘记了天性的禀受,古人称这样为违反天性的过错。有时出生,是你们老师的应时;有时死去,是你们老师的顺乎自然。应时而生,而又顺乎自然而死,那么哀乐就不能进入身心,古人称这是自然的悬解。"也就是说用手掰薪柴有穷尽,但火种流传却不穷尽。

从人论的观点来看,庄子的观点是一种令人难以理解、难以接受的违背情理的观点,丧失了一个在社会生活中的人所应有的温暖的、美好的感情。然而庄子却以为,人之生,来自于自然;人之死,又返于自然,长去大行,犹如永恒的安息。相送以虚假的哭泣、诉说,岂不是太大的有欠通达明理? 显然他是从一种超脱世俗感情的、冷峻的、理智的立场,一种彻底的自然主义观念来思考的。人本质上是自然和社会的统一,理智和感情的统一,庄子经常是用对人的自然本质的理智的推究,来抑制人的社会性的行为和情感的表现。后来荀子批评他"蔽于天而不知人"(《荀子·解蔽》),是有根据的、正确的。

《庄子》的深远影响

　　在中国文化史上影响最大的学派有二，一是以孔孟为代表的儒家，二是以老庄为代表的道家。在先秦，除孔孟、老庄外，管子、荀子、商鞅、韩非、宋铜、尹文、墨子等人都有自己的学说体系，不过在秦汉以后都衰微了。儒家以邹鲁文化为中心，注重社会人事，老庄思想则反映了荆楚文化的特点，注重天道自然。在中华民族的精神结构中，一般说来，儒家思想构成其现实层面，道家思想构成其超越的层面，"儒道互补"构成了中国文化发展的内在张力和基本构局。

　　庄子是道家集大成的人物，他的著作含蕴深广，文采卓绝，在我国古代的思想史和文学史上都占有重要的地位。但在先秦至两汉的数百年间，其人其书都不显赫。战国时期，一些法家曾直接主持变法的重大政治活动，儒墨两派也属"显学"，庄子则因其思想同当时的政治形式格格不入而没有被当时所重视。汉初崇尚老子之学，主要是在一是程度上吸取了无为的思想，以利于贯彻与民休息的政策，恢复被战争破坏的经济；但并非全盘接受老子学说。至于老子要求人类社会倒退到原始蒙昧的状态，根本弃绝政治，不要政府，当然是汉王朝无法接受的。汉武帝以来，儒家逐步确立了它在思想学术界的统治地位，

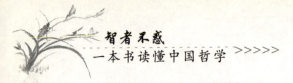

道家和庄子就更是相形见绌了。

魏晋南北朝时期，原来统一的大帝国开始变成南北对峙，战祸频繁，政治形势变幻莫测，王朝不断更替。在这社会大动荡中，儒学失去了昔日的独尊地位，而不少士大夫为逃避政治风险，专事玄妙的"清谈"，道家思想就有了他们的理论依据的精神支柱，道家著作于是备受重视。魏晋时王弼注《庄子》，向秀和郭象等注《庄子》，同时为《庄子》作注的人有几十位之多。一时老庄之学盛行，谈玄论道，蔚成风气。东汉末年出现道教，奉老子为教主，与儒、佛二教争长。唐朝皇帝姓李，尊老子（一说李耳）为始祖，号太上玄元皇帝，道教势力大盛。唐玄宗时还封庄子为南华真人，尊《庄子》为《南华经》。《南华经》和《道德经》都成为道教的经典。可以说自魏晋以来，庄学一直有相当稳固的学术地位，并呈现上升的趋势。

庄学中所表现的人生态度、美学思想和思维特征普遍存在于历史文论、画论和文学艺术作品之中。中国的美学思想、绘画、小说、诗词乃至书法、雕塑、音乐，无不体现出一种强烈的庄学精神和风格，其程度甚至超过儒家的影响。如庄子的道，落实在人生之上，乃是崇高的艺术精神；而他由心斋功夫把握到的心，乃是艺术精神之主体；中国绘画乃是这种艺术精神的特殊产物和典型体现（徐复观《中国艺术精神》）。

庄子的思想和哲学是中国古代隐士思想的总结和发挥，其内在的精神与气质极容易引起历代隐士、落魄文人甚至失势官僚的认同和共鸣，并成为他们孤寂心灵的慰藉。冯友兰在其《中国哲学史新编》中对庄子哲学作过这样的评价："在历史中的任何时代，总有不得志的人，在一个人的一生之中，总是遇到些不如意的事，这些都是问题。

庄周哲学并不能使那些不得志的人得志，也不能使不如意的事成为如意。它不能解决问题，但它能使人有一种精神境界。对于有这种精神境界的人，这些问题就不成问题了，它不能解决问题，但能取消问题。人生之中总有些问题是不可能解决而只能取消的。"确实，取消问题也不失为解决问题的一种方法。

　　庄学作为一种已对中国社会产生广泛影响并且有重要价值的思想体系，对之用现代观念和方法重新加以认识和研究，仍具有重要的现实意义。人类社会经过漫长年代的发展，创造出了灿烂的物质文明和精神文明，人们享受到了越来越丰富多彩的物质文化生活，然而，随着科学技术的发展，人类社会也产生了越来越多的问题。如人类对自然界过度的、没有计划的开发利用，已造成了人类自身赖以生存的自然环境的严重破坏，人类和大自然正在走上相互抵触的道路；又如由于现代社会人们过于看重金钱和物质利益，无休止地追求物欲的满足和感官的享受，造成社会关系日益紧张和自我身心失衡。这些问题已开始影响和威胁着人类社会进一步的和谐发展，有识之士已开始关注这些问题，并试图探寻解决问题的途径。如果我们对人类社会曾经产生过的有价值的传统观念和生存智慧予以足够的重视，扬弃其可能导致的一些消极影响的方面，并给予现代意义的阐释和发挥，或许能够帮助人类社会少走弯路，以缓减或匡正当今所存在的种种弊端。

　　例如，庄学中所提倡的顺应自然，"无以人灭天，无以故灭命"的思想，利于我们更好地认识和处理人与自然的关系；又如，庄学中所追求的破除客观条件和心理因素的束缚以实现精神"逍遥"的思想，对于我们更好地认识和处理自身的身心关系，都将有所裨益。让我们专心地聆听一下先哲的思想，或许会启发我们的智慧。

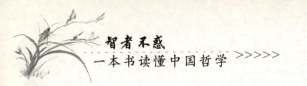

列子与杨朱

春秋战国时期，除了老庄之外，还有列子、杨朱、尹文子、慎到等道家人物。

列子，战国时期郑国人，道家学派重要人物，也是寓言家和文学家，对后代的哲学、文学、科技、宗教都有深远的影响，著有《列子》。

列子的学说，刘向认为："其学本于黄帝老子，号曰道家。道家者，秉要执本，清虚无为，及其治身接物，务崇不竞，合于六经。"《吕氏春秋·不二》说："子列子贵虚。"列子认为"至人之用心若镜，不将不迎，应而不藏，故能胜物而不伤"。他因为穷而常常面有饥色，却拒绝郑国暴虐的执政者子阳馈赠的粮食。其弟子严讳问之曰："所有闻道者为富乎？"列子曰："桀纣唯轻道而重利是以亡！"列子还主张应摆脱人世间贵贱、名利的羁绊，顺应大道，淡泊名利，清静修道。

《列子》里面的寓言故事和神话传说中不乏有教益的作品，如《列子学射》《纪昌学射》和《薛谭学讴》三个故事分别告诉我们：在学习上，不但要知其然，还要知其所以然；真正的本领是从勤学苦练中得来的；知识技能是没有尽头的，不能只学到一点就满足了。又如

《承蜩犹掇》告诉我们，曲背老人捕蝉的如神技艺源于他的勤学苦练；还有情节更离奇的《妻不识夫》说明一个人是可以移心易性的。

杨朱是位隐士，他的生平事迹无法查考。有人说他比老子还早，有人说他曾做过老子的学生。孟子说："天下之言，不归杨，则归墨。"（《孟子·滕文公下》）就是说，人们发表言论，不是拥护墨子，就是拥护杨朱，可见在孟子生活的时代，杨朱的影响已经非常大了。

依孟子的说法，杨朱主张"为我"（《孟子·尽心》），是个极端自私的人，拔一毛利天下而不为。有人解释说，杨朱的意思是，今天你要我一根汗毛，明天就会要我一个指头，后天就会要我一条胳膊，大后天就是我的命，不是说一根汗毛多么重要，而是说不能开这个头。

按照韩非的说法，杨朱不过是认为自己的生命比什么都重要。他主张不到正在打仗的、危险的城市里去，不在军队里工作，就是用整个天下换他小腿上的一根毛，他也不干。因为天下是身外之物，汗毛是自己生命的一部分。汉代的《淮南子》则说杨朱不愿为追求身外之物而疲于奔命。

这些人的理解有一点相同，就是说杨朱爱惜自己的生命，不愿为国家服务。孟子说，不愿为国家服务，就是不把君主放在眼里；不把君主放在眼里的人，就是禽兽一样的东西。

现存的《列子》一书中，有《杨朱篇》。其中说杨朱是个极端享乐主义者，终日饮酒，和女人鬼混。学术界普遍认为，这个《列子》书是后来才出现的，《杨朱篇》中的杨朱，是魏晋时代贵族的形象，而不是先秦时期杨朱的思想作风。

第五章

名家：先秦的辩者

　　"名家"这个名词，译成英文是诡辩家、逻辑家、辩证家。名家是中国先秦注重辩论技巧，探讨名实概念之间、名称与事物之间关系的一种学说派别。因为它产生于辩论的实践，代表人物大多是善辩之士，所以又称名辩学派；最主要的代表人物有惠施、公孙龙，此外还有邓析、尹文和后期墨家的一些学者。

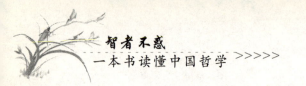

名家简述

　　"名家"这个名词，译成英文是诡辩家、逻辑家、辩证家。名家是中国先秦注重辩论技巧，探讨名实概念之间、名称与事物之间关系的一种学说派别。因为它产生于辩论的实践，代表人物大多是善辩之士，所以又称名辩学派；最主要的代表人物有惠施、公孙龙，此外还有邓析、尹文和后期墨家的一些学者。

　　邓析，春秋末期人，郑国大夫，"名辩之学"倡始人。与政治家子产同时代。邓析的一个重要思想，就是"两可说"。在正统观点看来，这是一种"以非为是，以是为非，是非无度"的诡辩论，简单地说，就是模棱两可、混淆是非的理论。《吕氏春秋·离谓》中记载了这样一个故事：洧河发大水，郑国有一个富人被大水冲走淹死了。有人打捞起富人的尸体，富人的家人得知后，就去赎买尸体，但得到尸体的要价很高。于是，富人家属就来找邓析，请他出主意。邓析对富人家属说："你安心回家去吧，那些人只能将尸体卖你的，别人是不会买的。"于是富人家属就不再去找得尸者买尸体了。得尸体的人着急了，也来请邓析出主意。邓析又对他们说："你放心，富人家属除了向你买，再无别处可以买回尸体了。"邓析的回答反映出他已经具有相当完整的朴素辩证观念。

惠施，宋国人。在魏国做过相国，主张联合齐、楚，尊齐为王，以减轻齐对魏压力；为魏国制定过法律。公元前 322 年，魏国改用张仪为相，惠施被驱逐到楚国，楚国又把其送到宋国。到公元前 319 年，由于各国的支持，魏国改用公孙衍为相国，张仪离去，惠施又重回到魏国，作为"合同异"派的代表人物，惠施认为事物间的差异只具有相对的意义。他把事物间的普遍联系和同一性绝对化，否定差异的界限。惠施的著作已经失传，仅在《庄子·天下篇》中存有十个命题。

公孙龙，相传字子秉，赵国人。其生平事迹已经无从得知。《史记·平原君虞卿列传》言"平原君厚待公孙龙"，他可能在平原君门下做过门客。公孙龙擅长辩论，《公孙龙子·迹府》说，公孙龙与孔穿在平原君家相会，谈辩公孙龙的"白马非马"。晚年，齐使邹衍过赵，平原君使与公孙龙论"白马非马"之说。公孙龙由是遂诎，后不知所终。公孙龙是"离坚白"派的代表人物。他注意到了事物"名""实"之间的差异。该派认为事物是互相独立而不同的，即使同一事物中的各种属性也是可以区别看待。这种观点否定事物、概念间的相互联系，抹杀事物、概念间的同一性。其著名论题"白马非马"和"坚白石工"即典型地代表了其把事物、概念间的差别绝对化的倾向。公孙龙的主要思想，保存在《公孙龙子》一书中。

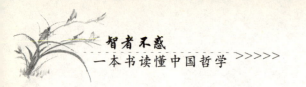

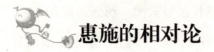

惠施的相对论

惠施曾担任魏惠王的相，以其学问大而闻名。《庄子·天下篇》保存有惠施的十个命题，可供我们推知惠施的思想。

第一个命题是："至大无外，谓之大一；至小无内，谓之小一。"这两句话都是现在所谓的"分析命题"。它们对于实，都无所肯定，因为它们对于实际世界中什么东西最大，什么东西最小，都无所肯定。它们只涉及抽象概念，就是名："至大""至小"。为了充分理解这两个命题，有必要拿它们与《庄子·秋水篇》的一个故事做比较。从这种比较中明显看出，惠施与庄子在某一方面有许多共同的东西。

这个故事说，秋水时至，百川灌河，河水很大，河伯（即河神）欣然自喜，顺流而东行，至于北海。他在那里遇见了北海若（即海神），才第一次认识到，他的河虽然大，可是比起海来，实在太小了。他以极其赞叹羡慕的心情同北海若谈话，可是北海若对他说，他北海若本身在天地之间，真不过是太仓中的一粒稊米。所以只能说他是"小"，不能说他是"大"。说到这里，河伯问北海若说："然则吾大天地而小毫末，可乎？"北海若说："否。……计人之所知，不若其所不知；其生之时，不若未生之时。以其至小，求穷其至大之域，是故迷乱而不能自得也。由此观之，又何以知毫末之足以定至细之倪，又何以知天地之足以穷至大之域？"他接着下定义，说最小"无形"，最大"不可围"。至大、至小的这种定义与惠施所下的很相似。

说天地是最大的东西，说毫末是最小的东西，就是对于"实"有所肯定。它对于"名"无所分析。这两句都是现在所谓的"综合命题"，都可以是假命题。它们都在经验中有其基础；因此它们的真理只能是或然的，不能是必然的。在经验中，大东西、小东西都相对地大、相对地小。再引《庄子》的话说："因而所大而大之，则万物莫不大；因其所小而小之，则万物莫不小。"

我们不可能通过实际经验来决定什么是最大的、什么是最小的实际事物。但是我们能够独立于经验，即离开经验，说：它外面再没有东西了，就是最大的（"至大无外"）；它内面再没有东西了，就是最小的（"至小无内"）。"至大"与"至小"，像这样下定义，就都是绝对的、不变的概念，像这样再分析"大一""小一"这些名，惠施就得到了什么是绝对的、不变的概念。从这个概念的观点看，他看出实际的具体事物的性质、差别都是相对的、可变的。

一旦理解了惠施的这种立场，我们就可以看出，《庄子》中所说的惠施十事，都是在说明事物的相对性。大的事物，换一个角度看，可能是小的；小的事物，换一个角度看，可能是大的。例如，做一张木桌，从木料的观点看是毁坏，从桌子的观点看是建设。万物是相对的，不断变化的。万物之间没有绝对的不同、绝对的界限，每个事物总是正在变成别的事物。所以得出逻辑的结论：万物一体，因而应当泛爱万物，不加区别。

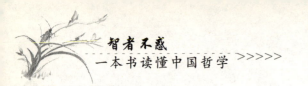

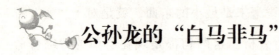

公孙龙的"白马非马"

公孙龙可以算是一位非常有趣的哲学家。他的一些哲学命题向人们在认识方面的常识挑战，经他那么一挑战，本来习焉不察的一些问题引起众人的注视。比如说，"白色的马是马"，这个判断为人们的常识所知，无须乎怀疑。然而，公孙龙怀疑了，提出了一个流传千古的哲学命题——"白马非马"。

公孙龙说："马者，所以命形也；白者，所以命色也。命色者非命青工也，故曰白马非马。"意思是说，"白"是指马的颜色，"马"是指马的形体。"白"是用来称呼马的颜色的，不能称呼马的形体，因此，"白"与"马"两个概念合在一起所包含的意思就不是"马"了（即不是抽象的"马"的概念）。

公孙龙说，如果你到马厩里去取马，黑马与黄马都是你取的对象；如果你只取白马，那么，黄马与黑马就不是你取的对象。取马的时候，黄马和黑马都来了，它们可以看成一样，姑且说作有马，而不可以说作白马。可见，白马不是马的道理就很明白了。

公孙龙高于一般人的认识能力，他不满足"白马是马"的这样常识，从这种常识的判断里看出了一种矛盾的东西，即概念与判断的矛盾。在公孙龙看来，"白马"的概念是非常具体的，"马"的概念是非常抽象的。然而，常识的判断却是非常矛盾的："白马是马"。这等于说，具体的白马是抽象的马；因此，他要向常识挑战了，大呼一声："白马非马!"如果把他的这个哲学命题诠释一番，则应读作：具体的马不是抽象的马! 具体的事物不是抽象的事物!

由此可以看出，"白马非马"这个哲学命题的提出，标志着人类认识能力的提高，已经注意到了具体与抽象、个别与一般、特殊与普遍、个性与共性的关系问题。公孙龙首次提出这样的问题，为哲学增添了新的范畴。

公孙龙有一篇谈论石头属性的哲学论文《坚白论》。一块坚硬而洁白的石头，是由石性、坚质、白色三个要素组成的，应该说"坚白石三"。公孙龙不承认这一点，说"坚"与"白"是互相分离的，任何时候，这块石头只有两个要素，或者"石"与"坚"存在，或者"石"与"白"同在，不可能"石"与"坚"和"白"同时存在。所以，他否定"坚白石三"的说法，代之以"坚白石二"。

"坚白石二"这个怪问题如同"白马非马"那个哲学命题一样，十分惹人注目。

为什么一块石头的两个属性——"坚硬"的"白色"是互相分离的呢? 为什么不能同在呢?

他说，当你用眼睛看石头的时候，看见了它的颜色，"白色"这一属性表现出来了，但你看不出它的坚硬的属性，即所谓："视不得其所坚，而得其白。"

他说，当你用手摸石头的时候，摸到了即感觉到了石头的坚硬这

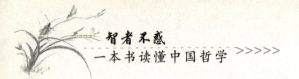

种属性，可是你怎么也感觉不出石头的颜色，即感觉不出石头的白色这种属性。

他说，你用眼看的时候，石头的"坚硬"属性自然藏起来了；你用手摸的时候，石头的"白色"属性自然也藏起来了。

看与摸的结果不同，石头的属性各自藏匿，这样一来，坚硬与白色两种属性就分离开了，从而证明他自己的命题（"坚白石二"）的正确性。

事实上，石头的三个要素是客观存在的，"坚硬"与"白色"两个属性并不各自分离藏匿。在这里，公孙龙的认识方法带有主观性，过分强调感知的作用，似乎他的眼睛感觉不出石头的"坚硬"，而坚硬属性的本身就不存在了；他的手感觉不出石头的"白色"，而白色属性的本身就不存在了。

"一块石头既坚硬又洁白"，这是一个正确的复合判断，采用了"既……又……"的表达方式，反映了石头与两种属性之间的关系。人们的常识也知道，一个事物可以同时有几种属性，这些属性并存于事物之中。公孙龙认为，一个事物只有一种属性，不承认几种属性同时并存。

第六章

孟子：理想主义的儒家

孟子认为，人们的差别不在于富贵贫贱，而在于能否保持高尚的道德，即做"仁人"。君子"以德服人"，"君子所以异于人者，以其存心也。君子以仁存心，以礼存心"（《孟子·离娄下》）。抵御外在物欲干扰，保养良好天性，既需要好的环境，更需要个人持之以恒的努力。因此，孟子更强调个人的立志和坚持，强调君子必须"穷不失义，达不离道"。

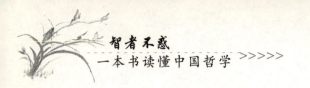

亚圣孟子

　　孟子（约公元前 372 年—公元前 289 年），名轲，字子舆，邹国（今山东省邹县东南）人，有人认为邹国是鲁国的附属国，也有人说孟子是鲁国人。孟子是战国时期儒家的代表人物，中国古代著名思想家、教育家、政治家、政论家和散文家；孔子第四代弟子，曾子再传弟子。他继承并发扬了孔子的思想。孔子是大成至圣，孟子被称为亚圣。孟子与孔子合称孔孟，多数人将他们的理论合称为"孔孟之道"。

　　相传孟子是鲁国贵族孟孙氏的后裔，幼年丧父，家庭贫困，曾受业于子思的学生；学成以后，以士的身份游说诸侯，企图推行自己的政治主张。孟子在政治上主张法先王、行仁政；在学说上推崇孔子，攻击杨朱、墨翟。孟子曾到过梁（魏）国、齐国、宋国、滕国、鲁国推行他的政治主张。当时几个大国都致力于富国强兵，争取通过暴力的手段实现统一。孟子的仁政学说被认为是"迂远而阔于事情"，没有得到实行的机会。最后退居讲学，和他的学生一起，"序《诗》《书》，述仲尼之意，作《孟子》七篇"。孟子与其弟子的言论汇编于《孟子》一书，是儒家学说的经典著作之一。孟子的文章说理畅达，气势充沛并长于论辩，逻辑严密，尖锐机智，代表着传统散文写作最高峰。

孟子哲学思想的最高范畴是天。孟子继承了孔子的天命思想，剔除了其中残留的人格神的含义，把天想象成为具有道德属性的精神实体。他说："诚者，天之道也。"孟子把诚这个道德概念规定为天的本质属性，认为天是人性固有的道德观念的本原。孟子的思想体系，包括他的政治思想和伦理思想，都是以天这个范畴为基石的。

孟子是儒家最重要的代表人物之一，但孟子的地位在宋代以前并不是很高。自中唐的韩愈著《原道》，把孟子列为先秦儒家中唯一继承孔子"道统"的人物开始，出现了一个孟子的"升格运动"，孟子其人其书的地位逐渐上升。

宋神宗熙宁四年（1071 年），《孟子》一书首次被列入科举考试科目之中。元丰六年（1083 年），孟子首次被官方追封为"邹国公"，翌年被批准配享孔庙。以后《孟子》一书升格为儒家经典，南宋朱熹又把《孟子》与《论语》《大学》《中庸》合为"四书"，《大学》和《中庸》被认为是孔子弟子曾参和孔子之孙子思的著作，这样，《孟子》一书便与孔子及孔子嫡系的著作平起平坐了，其实际地位更在"五经"之上。

元朝至顺元年（1330 年），孟子被加封为"亚圣公"，以后就称为"亚圣"，地位仅次于孔子。

在明清两代，官方规定，科举考试的八股文题目必须从《四书》中选取，要"代圣人立言"。于是，《孟子》一书便成了明清两代士子们的必读书了。

孟子的性善论

孟子把道德规范概括为四种，即仁、义、礼、智。他认为"仁、义、礼、智"是人们与生俱来的，不是从客观存在着的外部世界所取得的；同时把人伦关系概括为五种，即"父子有亲，君臣有义，夫妇有别，长幼有序，朋友有信"。孟子认为，仁、义、礼、智四者之中，仁、义最为重要。仁、义的基础是孝、悌，而孝、悌是处理父子和兄弟血缘关系的基本的道德规范。他认为如果每个社会成员都用仁义来处理各种人与人的关系，封建秩序的稳定和天下的统一就有了可靠保证。

"仁义"是孟子道德论的核心思想。孟子所说的"仁义"，是有阶级性的，是建筑在封建等级社会的基础之上的。但是，他反对统治者对庶民的剥削，反对国与国和家与家的战争。

"仁"是一个古老的政治思想范畴。《说文》解释仁字："仁亲也，从人二。"随着社会的发展，它的含义也不断有所衍变。孔子论仁，则给予了更多的充实和发挥。仁是孔子最高的道德理想：孔子在多种意义上运用仁的概念，反映了孔子学说的理论上还不够完整而严谨。

孟子也最重仁。孟子对于孔子仁的思想的发展，特别表现在孟子以性善论为基础，提出由此而生仁、义、礼、智四德，其中心点是为仁；还进一步论述仁、义、礼、智四者的关系。在关于仁的伦理思想基础上，孟子提出了仁政学说。孟子以仁作为施政的出发点，要求统治者"施仁政于民（《孟子·梁惠王上》），还具体地提出了在经济、政治等方面的具体的仁政措施。

孟子主张人无分贵贱，在人格上都是平等的。他喊出一句响亮的口号："圣人，与我同类者。"（《孟子·告子上》）孟子这种思想的理论基础是"性善论"。他认为人都有恻隐之心、羞恶之心、辞让之心，这是基本的人性，是人类社会道德的基础。正因为每个人都具备善良天性和良好品德，如果人们不断发展自己的"四端"，也就是善性和道德，那么"人皆可以为尧舜"。

只要积极努力，人人都有成为圣人的可能。这样的话语给了人们极大鼓舞，在等级分明的古代社会，这一思想无疑是大胆而带有进步意义的。

在孟子看来，要想成为圣人就必须"保养本心"、善养"浩然之气"。孟子说这种"浩然之气""至大至刚"，能够"塞于天地之间"，听起来似乎充满故弄玄虚的神秘色彩，实则仍以保养本性和加强仁义道德修养为旨归："其为气也，配义与道矣。"（《孟子·公孙丑上》）纷繁世间，酒色才气，人生总是充满了欲望和诱惑，要想学做圣人就必须摆脱这些外在干扰。

孟子认为，人们的差别不在于富贵贫贱，而在于能否保持高尚的道德，即做"仁人"。君子"以德服人"，"君子所以异于人者，以其存心也。君子以仁存心，以礼存心"（《孟子·离娄下》）。抵御外在物欲干扰，保养良好天性，既需要好的环境，更需要个人持之以恒的努

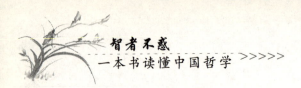

力。因此，孟子更强调个人的立志和坚持，强调君子必须"穷不失义，达不离道"。

 # 仁政学说

孟子继承和发展了孔子的德治思想，发展为仁政学说，成为其政治思想的核心。孟子的政治论，是以仁政为内容的王道。他把"亲亲""长长"的原则运用于政治，以缓和社会矛盾。

孟子一方面肯定了等级制度，认为"劳心者治人，劳力者治于人"；另一方面又把统治者和被统治者的关系比作父母对子女的关系，主张统治者应该像父母一样关心人民的疾苦，人民应该像对待父母一样去亲近、服侍统治者。

孟子认为，这是一种最理想的政治，如果统治者实行仁政，可以得到人民的衷心拥护；反之，如果不顾人民死活，推行虐政，将会失去民心而变成独夫民贼，被人民推翻。仁政的具体内容很广泛，包括经济、政治、教育以及统一天下的途径等，其中贯穿着一条民本思想的线索。这种思想是从春秋时期重民轻神的思想发展而来的。

孟子说："夫仁政，必自经界始"。所谓"经界"，就是划分整理

田界，实行井田制。孟子所设想的井田制，是一种封建性的自然经济，以一家一户的小农为基础，采取劳役地租的剥削形式；每家农户有五亩之宅，百亩之田，吃穿自给自足。孟子认为，"民之为道也，有恒产者有恒心，无恒产者无恒心"，只有使人民拥有"恒产"，固定在土地上，安居乐业，他们才不去触犯刑律，为非作歹。孟子认为，人民的物质生活有了保障，统治者再兴办学校，用孝悌的道理进行教化，引导他们向善，这就可以造成一种"亲亲""长长"的良好道德风尚，即"人人亲其亲、长其长，而天下平"。孟子认为统治者实行仁政，可以得到天下人民的衷心拥护，这样便可以无敌于天下。孟子所说的仁政要建立在统治者的"不忍人之心"的基础上。孟子说："先王有不忍人之心，斯有不忍人之政矣。""不忍人之心"是一种同情仁爱之心。但是，这种同情仁爱之心不同于墨子的"兼爱"，而是从血缘的感情出发的。孟子主张，"亲亲而仁民"，"老吾老以及人之老，幼吾幼以及人之幼"。仁政就是这种不忍人之心在政治上的体现。

　　仁，据孟子解释，就是"人心"。怎样才算是仁呢？根据《孟子》一书可以概括为：第一，亲民。孟子主张统治者要"与百姓同之"，"与民同乐"。第二，用贤良。"为天下得人者谓之仁。"（《滕文公上》）"尊贤使能，俊杰在位。"（《孟子·公孙丑上》）"贤者在位，能者在职；明其政刑。"第三，尊人权（《孟子传》）。孟子公开宣扬"民为贵""君为轻"的口号，提倡在一定的范围调和统治者和劳动人民的关系。第四，同情心。要求统治者拿"老吾老以及人之老，幼吾幼以及人之幼"推恩办法来治民。认为这样做便能得到人民的欢迎和拥护，从而达到"无敌于天下"。第五，杀无道之者，也是仁，而且是最大的仁。孟子要求对一切残民以逞的暴君污吏进行严正的谴责，力

图把现实的社会发展到"保民而王"的政治轨道上来。

　　孟子以"仁政"为根本的出发点，创立了一套以"井田"为模式的理想经济方案。提倡"省刑罚、薄税敛""不违农时"等主张，要求封建国家在征收赋税的同时，必须注意生产，发展生产，使人民富裕起来，这样财政收入才有充足的来源。这种思想，是应该肯定的。作为新兴地主阶级的思想家，孟子还提出重农而不抑商理论，改进了传统的"重农抑商"的思想，这种经济观念在当时是进步的。孟子的"井田制"理想，对后世确立限制土地兼并，缓和阶级矛盾的治国理论有着深远的影响及指导意义。

第七章

荀子：现实主义的儒家

　　荀子思想虽然与孔子、孟子思想都属于儒家思想范畴，但有其独特见解，自成一说。荀子提倡性恶论，常被与孟子的性善论比较。孔子、孟子在修身与治国方面提出的实践规范和原则，虽然都是很具体的，但同时又带有浓厚的理想主义成分。与孔、孟相比，荀子的思想则具有更多的现实主义倾向。他在重视礼义道德教育的同时，也强调了政法制度的惩罚作用。

荀子生平

　　荀子（约公元前 313 年—公元前 238 年），名况，字卿，战国末期赵国人，儒家代表人物之一，时人尊称"荀卿"；曾三次出齐国稷下学宫的祭酒，后为楚兰陵（今山东兰陵）令。荀子对儒家思想有所发展，提倡性恶论，常被与孟子的性善论比较；对重整儒家典籍也有相当的贡献。

　　荀子 20 岁时，就已在燕国从事政治。他反对燕王哙把王位禅让给其相子之，但燕王没有听他的劝告。在燕国的游说失败后，荀子的行踪共有 20 多年不清楚。但直到公元前 286 年时，荀子以"秀才"见称于世。此时齐国稷下之学正盛，齐湣王继齐宣王之后，招集天下贤才而"尊宠之"。田骈、慎到、接子这些著名的学者，都齐聚齐国稷下学宫，号为列大夫，享受优越的待遇，不治而议论，作书以刺世。荀子年老才始来稷下游学，但他对诸子之事都有批评，认为"非先王之法"。公元前 286 至公元前 285 年，齐王灭掉了宋国，夸耀武功，不尚德治，荀子曾进行谏净，但不获采纳，于是他就离齐赴楚。

　　公元前 284 年，燕将乐毅率燕、赵、韩、魏、秦王国之师攻齐，陷齐都临淄。齐湣王逃宫，被淖齿杀死。齐国几至灭亡。前279年，齐即墨守田单乘燕惠王用骑劫代乐毅为将之机，向燕军发起反攻，一举收复失地，"迎襄王于莒，入于临淄"。齐襄王复国后，吸取齐湣王的教训，又招集亡散的学士，重整稷下学宫，"修列大夫之缺"。这时，荀子在楚国，正逢秦将白起攻楚，陷郢烧夷陵，举国大乱，楚人仓皇迁都于陈。荀子在战乱中离楚来齐，参加稷下学宫的恢复重建工作。由于田骈等老一辈的学者已死，慎到、接子又不在齐国，荀子凭他的学识和才德，在复办的稷下学宫中"最为老师""三为祭酒"，成为稷下学宫的领袖。

公元前264年，齐襄王死，荀子在齐不得志，秦国于此时聘请他入秦，荀子遂离齐赴秦，对秦国的政治、军事、民情风俗以及自然地形等都进行了考察。他建议秦昭王重用儒士，"力术止、义术行"。秦昭王虽然口头称善，但他事实上正忙于兼并战争。所以荀子之说在秦不可能得到采用，于是荀子又只好离秦而往游他国。

公元前259年至公元前257年间，荀子曾在赵与临武君在赵孝成王前议兵，提出了"善用兵者""在乎善附民"的主张，以"王兵"折服了临武君的"诈兵"，使赵孝成王和临武君都不得不称"善"（《荀子·议兵》）。但处于"争于气力"的当时，赵王"卒不能用"，于是他只好离开父母之邦而又回到齐国。

当时齐王建在位，但朝政由"君王后"（襄王后）控制。荀子向齐相进言，论述齐国内外大势，劝他"求仁厚明通之君子而托王焉与之参国政、正是非"，并对"女主乱之宫，诈臣乱之朝，贪吏乱之官"的弊政进行了批评。结果，正如《史记·孟荀列传》所载："齐人或谗荀卿，荀卿乃适楚，而春申君以为兰陵令。"荀子冷言进谏反而受到了

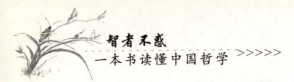

谗言的攻击，因此他在齐国再也待不下去了。于是他转而赴楚，正碰上楚灭鲁新得兰陵之地，因而被春申君任命为兰陵令。

荀子在楚为兰陵令也不是一帆风顺的。他任职不久，就有人向春申君进谗，于是他只好离楚而回到赵国。在家邦，荀子这次得到了较高的礼遇，任他为"上卿"或"上客"。楚人听到后，就劝谏春申君，春申君又"使人请孙子于赵"，荀子致信辞谢，对楚政多所批评。春申君深为后悔，又一再坚请。可能是为春申君的诚意所动，荀子又回到楚国，复任兰陵令。

公元前238年，楚考烈王卒，李国伏死士杀春申君。荀子失去政治上的依靠，废官居家于兰陵，著书立说。

荀子的著作，见于《荀子》一书，为弟子所论，也有的为荀子所纂辑的资料，它们都是我们研究荀子的思想和事迹的主要材料。

荀子的思想偏向经验以及人事方面，是从社会脉络方面出发，重视社会秩序，反对神秘主义的思想，重视人为的努力。孔子中心思想为"仁"，孟子中心思想为"义"，荀子继二人后提出"礼""法"，重视社会上人们行为的规范。以孔子为圣人，但反对孟子和子思为首的"思孟学派"哲学思想，认为子贡与自己才是继承孔子思想的学者。荀子认为人与生俱来就想满足欲望，若欲望得不到满足便会发生争执，因此主张人性有恶，需要由圣王及礼法的教化，来"化性起伪"使人格提高。

荀子思想虽然与孔子、孟子思想都属于儒家思想范畴，但有其独特见解，自成一说。荀子提倡性恶论，常被与孟子的性善论比较。孔子、孟子在修身与治国方面提出的实践规范和原则，虽然都是很具体的，但同时又带有浓厚的理想主义成分。孔子竭力强调"克己""修身""为仁由己"等。而孟子则以"性善"为根据，认为只要不断扩充其"恻隐之心""羞恶之心""辞让之心""是非之心""求其放心"，即可恢复人的"良知""良能"，即可实现"仁政"理想。与孔、孟相比，荀子的思想则具有更多的现实主义倾向。他在重视礼义道德教育的同时，也强调了政法制度的惩罚作用。

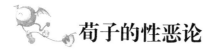
荀子的性恶论

　　荀子最著名的是他的性恶论，这与孟子的性善说直接相反。荀子从天人相分的立场出发，否定而人性中先验的道德根据。在他看来，所谓人性就是人的自然本性，是所谓"生之所以然者"。其自然表现为"饥而欲饱，寒而欲暖，劳而欲休"。其实质就是人天然有的抽象的自然生物本能和心理本能。

　　荀子认为人的这种天然的对物质生活的欲求是和道德礼仪规范相冲突的。他认为人性"生而有好利焉""生而有疾恶焉""生而有耳目之欲，有好色焉"，如果"从人之性，顺人之情，必出于争夺，合于犯纷乱理而归于暴"。所以说人性是"恶"，而不是"善"。

　　荀子这里的情性观与早期儒家《性自命出》一派的思想有关。然

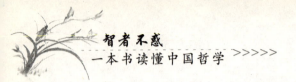

而性自命出以"情"为天的观念引出的是自然主义、情感主义的生存论调。荀子没有沿着这一个路向发展，这是因为，他认为天然禀赋的性情是恶的，顺应其发展，将引起人与人的争夺，残杀，导致社会的混乱，这就是性恶论。

荀子认为，凡是没有经过教养的东西是不会为善的。对于人性中"善"的形成，荀子提出"人之性恶，其善者伪也"的命题。荀子的人性论虽然与孟子的刚好相反，可是他也同意人人都能成为圣人。荀子以为，就人的先天本性而言，"尧舜之与桀跖，其性一也，君子之与小人，其性一也"，都是天生性恶，后天的贤愚不肖的差别是由于"注错习俗之所积耳"。后天的环境和经验对人性的改造其则决定性的作用。通过人的主观努力，"其礼义，制法度"，转化人的"恶"性，则"涂之人可以为禹"。

孟子说人皆可以为尧舜是因为人本来就是善的，而荀子论证涂之人可以为禹是因为人本来是智的。

性恶论的价值是显而易见的：一是提出人的自然本性的先天合法性，从人的自然层面来看待人性；二是强调后天环境对人发展的作用；三是说明了礼乐教化的价值与意义。

但是，从性恶出发，固然可说明礼乐教化之"伪"的现实必要性，但由于否认了人的道德先验性，圣人治礼作乐的"化性起伪"的教化行为就失去了坚实的存有论根据。如果认为社会性的"恶行"有自然存有论基础，那么"恶"就有了一定的合理性。性恶论使人性的超越幅度丧失殆尽，人完全成为社会宗法等级的奴隶。

"天人相分"思想

荀子将"天""天命""天道"自然化、客观化与规律化，见于他的《天论》一文。"列星随旋，日月递炤，四时代御，阴阳大化，风雨博施，万物各得其和以生，各得其养以成，不见其事而见其功，夫是之谓神；皆知其所以成，莫知其无形，夫是之谓天。"

在荀子看来，天为自然，没有理性、意志、善恶好恶之心。天是自然天，而不是人格神。他把阴阳风雨等潜移默化的机能叫作神，把由此机能所组成的自然界叫作天。宇宙的生成不是神造，而是万物自身运动的结果。

荀子以为，天不是神秘莫测、变幻不定，而是有自己不变的规律。这一规律不是神秘的天道，而是自然的必然性，它不依赖于人间的好恶而发生变化。人不可违背这一规律，而只能严格地遵循它。

天行有常，不为尧存，不为桀亡，应之以治则吉，应之以乱则凶。天道不会因为人的情感或者意志而有所改变，对人的善恶分辨完全漠然置之。荀子对传统的宗教迷信持批判的态度，认为自然的变化与社会的治乱吉凶没有必然的联系；认为祭祀哀悼死者的各种宗教仪式，

仅仅是表示"志意思慕之情"，是尽"人道"而非"鬼事"。（《礼论》）

中国文化的主流思想是天人合一，人是缺乏主体性的。而荀子有可贵的"天人相分"的思想。荀子认为自然界和人类各有自己的规律和职分。天道不能干预人道，天归天，人归人，故言天人相分不言合。治乱吉凶，在人而不在天。并且天人各有不同的职能，"天能生物，不能辨物，地能载人，不能治人"（《礼论》）；"天有其时，地有其才，人有其治"（《天论》）。

在荀子看来，与其迷信天的权威，去思慕它，歌颂它，等待"天"的恩赐，不如利用自然规律以为人服务。荀况强调"敬其在己者"，而不要"慕其在天者"；甚至以对天的态度作为君子、小人之分的标准。他强调人在自然面前的主观能动性，主张"治天命""裁万物""骋能而化之"的思想。荀子明确地宣称，认识天道就是为了能够支配天道而宰制自然世界。

隆礼重法

在国家治理上，荀子非常看重"礼"。荀子认为礼从区分与调节不同人的利欲关系中产生。在治礼的过程中，不能只顾及人的欲望，而要让物与欲两者相持而长，在物质的增长和欲望的增长之间保持平衡。

在荀子看来，人的天然本性是追求利欲的，而礼的作用则在对人的利欲的无限追求作出限制，二者之间不免有冲突。为了确保公共秩序的正常运转，礼的遵循不免要诉诸一种强制性。由此，礼转为法。因此，荀子常有"礼法之枢要""礼法之大分"的提法，而以礼法并称。在荀子那里，礼是介于义和法之间的一个范畴。在义礼并称时，礼多是指道德；在礼和法并称时，礼多指制度。荀子说礼是法之大分时，既是指礼为立法的原则，又是指礼作为原则的道德立场。法的制定和形式不纯属利益分配的问题，还有一个道义问题；法的一律化打破了贵族和平民的界限，使一切人平等。但是礼的持守却仍然使得有学养的人们不至于沉落。荀子可以说是顾及现实的利欲追求和必要性而又坚持道德理想，力求在二者之间保持平衡的思想家。

对礼法、王霸之争，荀子提出了"隆礼尊贤而王，重法爱民而霸"的命题。其含义两点：一是礼法并举、王霸统一。他认为"治之经，礼与刑，君子以修百姓宁"（《成相》），"礼以定伦"，法能"定分"，二者可以相互为用，只是法的特点表现为通过赏罚来维护等级秩序。二是礼高于法，礼为法之大本。只讲法治，不讲礼治，百姓只是畏惧刑罚，一有机会仍会作乱。他把"法治"称为"暴察之威"，"礼治"称作"道德之威"。法治至其极也不过为"霸"，而不能成"王"。如果以礼义为本，则法治就可以更好地发挥作用了："故礼及身而行修，义及国而政明，能以礼挟而贵名白，天下愿，会行禁止，王者之事毕矣"（《致士》）。荀子以为，礼义是立法的精神，如果人们爱好礼义，其行为就会自然合法，甚至不用刑罚，百姓也能自然为善。总之，荀子的礼法兼施、王霸统一，是对礼法、王霸之争的总结，开创了汉代

儒法合流的先河。

　　荀子在历史观上提出了厚古薄今的"法后王"说，所谓"后王"盖指"近时"之圣王或可能成为王者的"天下之君"，即理想的最高统治者。他认为"先王"的时代久远，事迹简略，不如近世的后王可靠，所谓"欲观圣王之迹，则于其粲然者矣，后王是也"（《非相》），即"法先王"必须通过"法后王"的途径才能实现。他主张"法后王"，又提倡继承"先王之道"，意在为封建统治阶级寻求理想的人格榜样。荀子批判以复古倒退为目的的"先王"观，指责"俗儒"们的"略法先王而足乱世，术缪杂学，不知法后王而一制度"（《儒效》）。"法后王，一制度"即是把一切都纳入新兴地主阶级大一统的制度与范围上来。

第八章

法家：冷峻的统治术

　　法家认为人的本性都是追求利益的，没有什么道德标准可言，所以，往往以利益、荣誉来诱导人们。比如战争时，如果士兵立下战功就给予很高的赏赐，这在一定程度上确实激励了士兵的斗志。汉代继承了秦的集权体制以及法律体制，这就是我国古代封建社会的政治与法制主体。有一点需要注意的是，法家思想和我们今天提倡的法治有根本的区别。

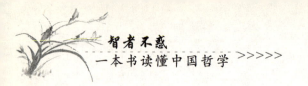

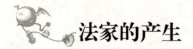
法家的产生

　　法家是先秦学派中最后出现的一派,主张以法治为核心。法家否定了世袭贵族天然传承的等级制度,认为"圣人苟可以强国,不法其故;苟可以利民,不循其礼。"法家人士在政治实践中,奖励生产和军事,毁弃诗书,继承并发扬了道家的朴素辩证唯物主义思想,主张以法治国。

　　法家流派主要盛行于战国时的韩、魏、赵三国,早期的法家代表人物亦来自这三国:商鞅来自魏国,申不害来自韩国,慎到来自赵国。这三派中,商鞅重"法";申不害重"术",政治权术;慎到重"势",即权力与威势最为重要。到了法家思想的集大成者韩非时,就提出了将三者相结合的思想:法,是健全法制,执法公正;势,指君主的权势,要独掌军政大权;术,是驾驭群臣、掌握政权、推行法令的策略和手段;认为法律与规章制度非常重要,"不可一无,皆帝王之具也"。

　　法家主张的以法治国,是很实用的思想,无论是处在战国那种"捐礼让而贵战争,弃仁义而用诈谲,苟以取强而已矣"的极端状况下，还是处在和平时代，都有用武之地。西汉之后，法家思想被儒家所取代，统治者独尊儒术，以儒法并用"儒表法里"的理论治理国家，独立的法家学派逐渐淡出历史舞台。总的来说，法家是先秦诸子中对法律最为重视的一派。他们以主张"法治"而闻名，并提出了一整套理论和方法，为后来建立的中央集权的秦朝提供了重要的理论依据。法家在法理学方面有着不可磨灭的贡献，对于法律的起源、本质、作用及法律同社会经济、国家政权、伦理道德、风俗习惯、自然环境以及人口、人性的关系等问题都做了探索、思考，卓有成效。

当然，法家也有其不足的地方，比如过分夸大法律的作用，强调用重刑来治理国家，"以刑去刑"，而且对轻罪也实行重罚，很是迷信法律的作用。法家认为人的本性都是追求利益的，没有什么道德标准可言，所以，往往以利益、荣誉来诱导人们。比如战争时，如果士兵立下战功就给予很高的赏赐，这在一定程度上确实激励了士兵的斗志。汉代继承了秦朝的集权体制以及法律体制，这就是我国古代封建社会的政治与法制主体。有一点需要注意的是，法家思想和我们今天提倡的法治有根本的区别。

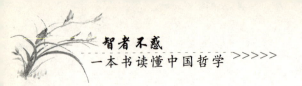

韩非子集法家之大成

　　韩非本是韩国人，著作却流传到了秦国。在秦始皇还是秦国国君时，他不知道韩非这位思想家，只是在读了韩非的一些篇章后赞叹说："写得好啊！我要是有机会见到文章的作者，一定与他携手同游，自己死了也不感到这一生有什么遗憾！"宰相李斯插话说："这是韩非的著作。"

　　后来，秦王派兵攻打韩国，韩国派韩非出使秦国，秦始皇喜不胜喜。秦王和韩非见面后，谈得很融洽，很想重用他。这时秦王左右的大臣都有点不服气，特别是李斯对韩非更加嫉视。因为他知道韩非很有才干，学问又高，万一秦王重用了他，至少自己的宰相做不成了。李斯就暗中联合其他大臣在秦王面前说韩非的坏话。他说韩非是韩国的贵族，他终究是心向韩国的。秦国和韩国是敌对的国家，若重用了他，韩非会为韩国打算，不会真心为秦国的。如果放走他，让他到别国去，万一被人重用，和秦国捣起乱来，也是个麻烦，不如找个借口把他杀了。秦王就把韩非关进监狱，考虑用他、放他还是杀他。李斯又使人威吓韩非，韩非被迫在狱中自杀了。秦王考虑了很久，觉得韩非毕竟是个人才，下命令释放他出狱，还是想重用他，但是韩非已经死了，来不及了。

对此，古代史学家司马迁写道："我独独为韩非而悲痛，他的《说难》写得那么好，可惜自己没有摆脱杀身之祸。"

韩非是战国后半期韩国的一个没落贵族，幼时跟当时的大学者荀子读过书。他有些口吃（结巴），不大能讲话，但是能写文章。他的文章写得条理清楚，分析深刻，有说服力。

韩非约生于公元前289年，他的年龄和李斯差不多。他死于公元前233年，活了50多岁。

韩非年轻时曾上疏韩王，要求变法，意在富国强兵。韩国是个小国，是秦王首先要并吞的对象。在往昔的战争中，韩国多次失败，总是丧师失地，面临着亡国的危险。韩非立志救亡图存，有一颗改革之心。一位前辈曾经警告韩非搞改革是件非常危险的事情，"危于身而殆于躯"，还是算了，吴起和商鞅都因实行改革遭到了杀身之祸。韩非不计个人安危，说他之所以要"立法术，设度数""废先生之教"，目的是为了"利民萌，便众庶"。韩王始终不采纳韩非的意见，使他十分失望。

从此，他专心著书，研究法家理论，成为法家的集大成者。他的著作经后人编在一处，称为《韩非子》。古人经常用人名当书名，像墨子的著作叫《墨子》，孟子的著作叫《孟子》，荀子、庄子、老子也都是这样的。韩非的著作在当时各国都有流传的抄本，在秦国也有过广泛的影响。

 # 法、术、势

早在韩非以前，已经有许多社会改革家提出改革奴隶制度，实行封建制度，统一全国的要求。他们也提出了一些办法。有些人认为要取消世袭旧贵族，改为封建制，国君要有三件法宝——法、术、势。韩非继承了这种说法，并且有了发展。

法是由国君颁布的法令条文，要求全国人人知道，共同遵守。这些公开的条文，定出什么事应当做，做了有赏；什么事不应当做，做了要受罚。这样，全国人民有了共同的标准，事情就好办，国君只要用赏罚，就可以支配全国人民了。这是古代封建统治者统治人民的一般的办法。当然，这种法，是不约束国君的。法是按照国君的意志，为镇压人民的反抗而制定的。有了法，比如说，国君制定了作战中杀死敌人的有赏、败了逃回的受罚，那么国君只要用这件法宝，就能驱使人民为他拼命打仗了。

什么是术？术是国君为了支配他的大臣，运用种种手段，使大臣猜不透他的意图，就不敢捣鬼。术是只有国君自己知道，不能公开暴露的。比如，国君不暴露他的喜怒、好恶，大臣猜不透他心里在想什么，

就只好陪着小心，谨谨慎慎地听国君的差遣。因为统治阶级为了争夺利益，经常钩心斗角，他们中间矛盾很多。国君要防备大臣篡夺他的地位，大臣也要设法保持自己的地位，而不是甘心情愿地为国君做事。所以韩非从国君的利益出发，叫国君对大臣随时警惕，必须用术。

势是权位、势力。韩非认为推行法令，使用权术，没有势力是不行的。他曾说，孔子被认为圣人，可是孔子一辈子只有七十个学生追随他。和孔子同时期的统治鲁国的鲁哀公不过是个平常的国君，可是他掌握着鲁国的政权，有权有势，所以连孔子那样的圣人也只好听从他的支配。他还说，即使尧、舜那样的国君，如果失去国君的地位，没有国君的权势，天下人谁肯听他的？恐怕连三个人也管不了，更不必说管理天下了。

因此，韩非认为法、术、势三者是一个封建专制的国君必不可少的三件法宝。这三件法宝，运用起来要有机地结合。有法无术，难免大臣捣乱；有术无法，全国人不知道应走的方向，国家力量不能集中，不能使国家富强；有法、有术没有势，法和术都无法实现，无力推行。他这三件法宝，体现了当时统治者和被统治的人民之间，以及统治阶级内部的深刻矛盾，更体现了专制集权的倾向。但是，那个时代正是从分散的、割据的国家走向专制主义的中央集权国家的前夜，韩非这种主张还是符合当时的历史要求的。

韩非子与荀子的比较

　　荀子、韩非子均坚持人性是人"好利"的自然属性，但在人性"好利"的评价方面，二者却分道扬镳，荀子对"好利"做出了"恶"的价值判断。而韩非子只是对"好利"进行事实描述，不作价值评价。

　　荀子的人性论以人的自然本性为出发点，他把人的自然欲求看作人性，"生之所以然者谓之性。性之和所生，精合感应，不事而自然，谓之性。"（《荀子·正名》）并将这种欲求归纳为"目好色，耳好声，口好味，心好利，骨体肤理好愉佚"。同时，荀子对其社会危害做了详细描述："今人之性，生而有好利焉，顺是，故争夺生而辞让亡焉。生而有疾恶焉，顺是，故残贼生而忠信亡焉。生而有耳目之欲，有好声色焉，顺是，故淫乱生而礼义文理亡焉。"（《荀子·性恶》）在荀子看来，人好利之心的进一步发展，必然会导致争斗与社会动荡，这不能不说是一种"恶"。由此，基于儒家道德主义的立场，荀子将人"好利"的本性与伦理道德对立起来，最终对人性做了"恶"的价值判断，"人之性恶，其善者伪也。"（《荀子·性恶》）

　　韩非子继承了荀子以利欲为人之本性的观点，认为"好利恶害"是人的普遍本性，因此，物欲是人类生存的第一需要，引导人们思考问题并指导其行动。但是，与荀子直接将人性的好利恶害界定为"恶"不同，韩非子没有把"善"与"恶"纳入人性讨论的范围。对于人好利恶害的本能需要，韩非子突破了性善、性恶的分析框架，以一种自然主义的笔触对人性只做事实描述，不做道德评价，既不以之为恶，也不以之为善，表现出价值中立的立场。

由于对人性评价的基本立场不同，在人性是否可变这一问题上，荀子与韩非子的论述也有着根本差别。

荀子认为人性可以改变，也必须改变。一方面，人性改变具有可能性。无论圣人，还是普通民众，其人性都是可以变化的，"途之人可以为禹"，人实际上的善与恶，可以通过主观努力和后天环境熏染来实现，"可以为尧禹，可以为桀跖，可以为工匠，可以为农贾，在势注错习俗之所积耳。"（《荀子·荣辱》）另一方面，人性改变又具有自觉性。"夫薄愿厚，恶愿美，狭愿广，贫愿富，贱愿贵。"（《荀子·性恶》）每个人都向往美好的东西，荀子由此推论："人之欲为善者，为性恶也。"（《荀子·性恶》）人们因知其性恶，所以才有"欲为善"的意愿与动力。另外，人性改变具有必要性。人性恶如果不加以改变，将会对个体发展、伦理秩序和社会稳定带来巨大危害，"人生而有欲，欲而不得，则不能无求；求而无度量分界，则不能不争。争则乱，乱则穷。"（《荀子·礼论》）因此，为避免社会纷争、动荡与穷困，必须对人性加以改造和限制。

与之相反，韩非子主张人的自利本性是先天决定，不能改变，也无须变化。一方面，韩非子坚持人性无法改变。在他看来，人的好利属性是由人的生理需求诱发的，是人与生俱来的自然本能，不能改变。比如，民众之所以会做善事，只是服从于外部压力，并不是发自于由

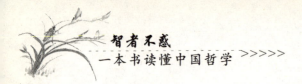

人性改变而产生的"义","民固服于势，寡能怀于义。"（《韩非子·五蠹》）可以看出，韩非子对于人性可以通过教化而弃恶从善表现得毫无信心。因此，他主张君主应该"不养恩爱之心，而增威严之势"（《韩非子·六反》）。另一方面，韩非子认为人性也无须改变。人的自利本性非善非恶，只是一种自然状态。既然自利不是"恶"，那也就无须改变了，反而可以利用人们的好利本性，通过物质激励或赏罚，来调动人们的积极性，进而达到树立权威、发展经济、维护统治的目的。

基于人性的变与不变，荀子与韩非子给出了两种截然不同的人性处理方式。

荀子提出"逆性"的观点，主张对人性加以改造，"古者圣王以人之性恶，以为偏险而不正，悖乱而不治，是以为之起礼义、制法度，以矫饰人之情性而正之，以扰化人之情性而导之也"（《荀子·性恶》）；要通过"礼义""法度"，对人的自利本性进行"正之""导之"。在人性由恶向善的"逆性"的过程中，荀子特别强调人为即"伪"的作用，他提出了"化性起伪"的观点，即通过后天的道德教化、道德修养与践行，实现对人性的改造，达到弃恶入善的目的。

面对不变的人性，韩非子提出了"顺性因情"的主张。既然人性自利是人的自然本性，又无法通过教化得以改变，那么就只能接受自利本性的事实存在，并让其顺着人的本性自然发展。进行赏罚、制定政策、严肃法纪必须以人的自利本性为依据，要因循它，而不是否定它、改变它。

荀子、韩非子二人对人性的阐释都是着眼于为他们的治国理念寻找最有力的人性论支持。荀子在性恶论的基础上形成了"礼治"治国体系，而韩非子则在性私论基础上找到了"法治"的治国之路。

第九章

汉朝：独尊儒术的开始

　　董仲舒认为，大一统是宇宙的普遍法则，统治王朝自然也要遵循这个法则。而大一统可以分为政治上的一统和思想上的一统两个方面，当时的西汉王朝自然已经完成了政治上的一统，之所以还会出现一系列的混乱，就是因为尚未完成思想上的一统。因此，董仲舒提出，应该用儒家的思想来统一学术思想，罢黜百家、独尊儒术。

　　这种做法虽然比李斯给秦始皇的焚书建议要和缓得多，但是两者的出发点却是一样的，都是为了统一思想、统一认识，都是对战国时期百家争鸣的一种历史反动。

汉初的黄老学派

随着秦始皇对中国的统一，战国时代结束了，战国时代思想文化百家争鸣的繁荣景象也随之结束了。在统一文字、度量衡的同时，秦始皇也开始了对人民思想的钳制。

公元前 213 年，博士淳于越提出，秦朝应效法周朝，实行分封制度，并认为"事不师古而能长久者，非所闻也"。丞相李斯与之展开辩论。以此为契机，秦始皇采纳丞相李斯的建议，将民间收藏的诸子百家的著作全部焚毁，令下之后 30 天仍不肯焚书的，将处以苦役。此后有敢聚众讲解《诗》《书》的，处死；有敢以古非今的，灭族。第二年，秦始皇又将在背后骂他贪权的方士和儒生 460 多人活埋。这就是中国历史上著名的"焚书坑儒"事件。

焚书坑儒出于钳制人民思想的需要，是中国文化的一场巨大的劫难；特别是焚书，以秦朝的严刑峻法为后盾，得到认真的执行，使中国先秦时期的许多典籍就此失传。本来，秦始皇虽然下令焚毁所有民间藏书，但这些书政府还是收藏了的，秦朝灭亡时，项羽入关后放火焚烧秦朝的宫殿，将政府的藏书付诸一炬，才造成了许多典籍的彻底失传。

西汉第二位皇帝汉惠帝，在公元前 191 年宣布正式废除秦朝不许民间藏书的禁令，并开始广泛收集图书，但上距焚书令的颁布已经 22 年了。

史书中对西汉向民间收集图书的成就颇多赞誉，说自汉初至汉武帝在位时期，"百年之间，书积如丘山"。汉王朝具有藏书职能的部门也不少，"外则有太常、太史、博士之藏，内有延阁、广内、秘室之府"。但是，连在民间影响甚为广泛的儒家，其最重要的典籍"六经"，在汉代以后《乐经》彻底失传，《尚书》也仅仅恢复出一个残本。可见，秦始皇焚书所造成的损失，并不是汉代的求书所能完全弥补的。

对书籍的摧残，无疑也是对思想的摧残。在秦始皇的焚书过程中，规定只有种树书、医书和占卜书不在焚毁之列，而这三种书恰恰都是几乎不包涵思想性内容的，由此我们也可以看出，焚书最主要的目的就是对思想的遏制。受到秦始皇的打击，先秦以来的诸子百家各学派大多从此销声匿迹。

西汉建立之后，诸子百家确实多已衰落不堪，但是，责任并不能全部归到秦始皇的焚书坑儒上。事实上，在此前秦统一中国的战争中，由于受到战乱的冲击、灭国所导致的动荡的影响，各学派就已经衰落下去了。除了受到统治者支持的法家之外，从战火中恢复，并在秦朝时仍具有影响的，恐怕只有儒家、道家、阴阳家等三四家了。

我们不难发现，秦始皇的焚书坑儒，坑的是儒家的儒生和阴阳家的方士，禁止人们谈论的《诗》《书》都是儒家的经典，其主要打击对象是儒家和阴阳家，这应该是秦代在民间影响力最大的两个学派了。西汉建立之初，以道家的黄老之术作为统治思想，道家的地位得到空前的提升，这恐怕也与儒家、阴阳家受到秦始皇的打击而实力大减有

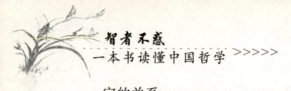

一定的关系。

不过，汉朝初年以黄老思想为治国原则，确实也符合当时的形势需要。

战国时期的总人口在 3000 万左右，经过秦朝暴政以及秦末天下战乱的摧残，西汉初年的人口可能只有 1500 万至 1800 万。由于人口锐减，耕地大量荒芜，经济残破，作为政府主要税收来源的自耕农阶层严重萎缩，导致国家财政捉襟见肘，连皇帝的马车都凑不齐四匹同样毛色的拉车马，将相之中，有人竟然乘牛车外出，而这在从前是用于运输的货车。在这样的形势下，统治者最重要的任务就是恢复经济，而不宜再有任何大的举措，显然道家的无为思想、治大国若烹小鲜的思想，正符合此时形势的需要。

需要指出的是，作为西汉初年治国原则的是道家学派的一支——黄老学派。这一学派也是西汉初年道家的主流支派，几乎成为道家的代名词了。

黄老学派是在战国后期各学派思想趋于融合的背景下形成的，其发源地就是齐国的稷下学宫。稷下学宫兼容诸子百家的学说，道家思想在其中是影响比较大的一支。在此期间，传统道家思想吸纳了其他学派的思想，得到丰富和发展，最终形成一个新的学派，即作为道家分支的黄老学派。

"黄"，指的是传说中的黄帝，"老"，指的是老子，这一学派尊黄帝、老子为创始人，将《老子》一书以及当时人信为黄帝的一些言论作为指导思想，因此称为黄老学派。我们应该注意到，源自道家的黄老学派之所以要推崇黄帝，恐怕和当时的政治形势有关。稷下学宫建立时，齐国政权已经转入田氏之手，而传说中，黄帝正是田氏的始祖。

稷下学宫中的黄老学派还可以细分为三支：一支以宋钘、尹文为代表，受墨家思想的影响比较大；一支以慎到、田骈为代表，受法家思想的影响比较大，现代学者更多认为，慎到应属于法家学派；一支以环渊为代表，继承、发展老子的思想较多，并系统地整理了老子的学说。

从其思想主张来看，黄老学派的特点是：既大讲道德，又喜谈刑名；既崇尚无为，又崇尚法治。明显具有将道家思想和法家思想相融合的趋势。一些著名的法家代表人物，如申不害、慎到、韩非等，史书都称他们"学本黄老"，也体现出黄老学派这种道、法结合的性质。如果我们认为老子的思想表现为一种消极无为的精神的话，那么可以说，黄老学派的思想就是一种积极无为的思想。

黄老学派是在吸纳阴阳、儒、墨、名、法等各家学说之长的基础上形成的，这是先秦时期各思想学派相融合趋势的典型代表。这种融合百家的新思路，对此后中国思想文化的发展影响很大。在战国时期，黄老学派的思想对曾经长期生活在稷下学宫的儒家著名学者荀子，都形成了明显的影响。荀子接受黄老之学道法结合、以道论法的学术理念，对传统儒家进行了一定程度的改造，因而其思想才与坚持儒家传统的孟子存在比较明显的差异。汉武帝罢黜百家、独尊儒术以后，占据统治思想地位的儒家学说，也走上了融纳各家学说的道路。

在政治思想方面，黄老学派主张清静无为，主逸臣劳，宽简刑政，除削烦苛，务德化民，恢弘礼义，顺乎民欲，应乎时变等。正是在这种思想的指导下，刘邦建国后，实行"与民休息"政策：让士兵复员，分给他们一定数量的土地，使之从事农业生产；轻徭薄役，降低税收，田赋仅征取收获物的 1／15，这在中国历史上是罕见的低税率；并且鼓励生育，提倡节俭。汉初几位皇帝都遵循刘邦的政策，以黄老思想作

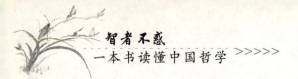

为治国原则，使饱经战火摧残的中原经济得以恢复。

此外还应该提到的是，黄老学派的法律思想，为由秦王朝的法家法律思想转变为西汉中期及以后的儒家法律思想，发挥了过渡性的桥梁作用，为中国正统法律思想的确立奠定了基础。

以黄老之术治国，确实收到了非常好的成效。在汉文帝和汉景帝统治期间，百姓家家富足，民间殷富，政府征收的粮食多到无处存放，府库里的铜钱因为长期不动用，穿钱的绳子朽烂，无从计算具体数量。对这一处处呈现太平盛世景象的时期，史称"文景之治"。

但是，公元前141年即位的汉武帝，是一位被司马迁评价为雄才大略的君主，他要凭借文、景二帝积累起来的财富，大规模开疆拓土，要有一番轰轰烈烈的作为，这时，黄老学派的清静无为思想，显然就不能适应汉武帝的需要了。于是，在汉武帝在位期间，明确规定罢黜百家、独尊儒术，抛弃黄老之术，转而以儒家思想为治国的指导原则，从此开创了儒家学说在中国长达2000多年的统治思想的地位。

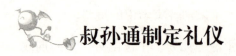
叔孙通制定礼仪

在西汉初期的六七十年时间里，黄老思想一直是统治者的治国原则，占据着统治思想的地位。

但是，儒学作为在民间拥有广泛根基的学派，其影响力仍旧存在，就是在刘邦身边，也有出身儒家的官员，比如叔孙通。

叔孙通是薛地(今属山东)人，生卒年不详，在秦朝曾任待诏博士。在陈胜、吴广发动起义之后，他逃回故乡，投奔了项羽。在公元前205年，叔孙通转而投靠刘邦，此后成为刘邦身边的重要谋士。

另一位提倡儒家思想的汉初名臣是陆贾，与刘邦是同乡。陆贾以辩才出名，曾经出使当时的南越政权，说服南越王赵佗向西汉称臣，他应该是受纵横家的影响比较大。

陆贾也非常熟悉儒家的学说，经常在刘邦面前称引儒家的《诗》《书》。有一次，刘邦听得不耐烦，就打断他道："老子靠马上取得了天下，要这些《诗》《书》有什么用？"陆贾应声答道："你从马上取得了天下，总不能也在马上治理天下吧。再说，如果秦始皇知道以儒家的思想治理国家，又怎么会轮到你取得天下！"

这次对话对刘邦的触动比较大，他要陆贾将历代兴亡成败的经验教训写给他。陆贾写好一篇就立即送给刘邦过目，前后共写了12篇文章，刘邦没有不称赞的，这些文章编辑成书，就是后来的《新语》。

应该说，刘邦当了皇帝之后，对儒家学派的态度有所转变。虽然没有将儒家定为统治思想，但也不再盲目地对儒家的一切加以摒弃了，比较典型的事例是刘邦命叔孙通制定朝仪。

在刘邦称帝后，和他一起打天下的功臣们仍旧全无规矩，因为废除了秦王朝的所有法律，朝廷中也没有礼仪制度。每当上朝时，将军们个个大呼小叫，甚至因醉酒争功，拔出佩剑去砍宫殿的柱子，搞得刘邦很是烦恼。

叔孙通对刘邦说："儒家学者虽然进取性差一些，但却长于守成。

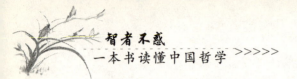
我愿意征集鲁地的儒生们和我的弟子们一起，来为您制定朝廷的礼仪制度。"刘邦表示同意。

到公元前 200 年，未央宫落成，第一次按照叔孙通制定的礼仪举行朝会，朝堂上威严肃穆，所有大臣进退有序，没有一个人敢大声说话。刘邦高兴地说："我到今天才知道当皇帝的尊贵。"他任命叔孙通为奉常，又给他参与制定礼仪的弟子们都封了官。

但是，在西汉初期，朝廷奉行黄老之学，儒家学者最主要的作用只是体现在制定礼仪、整理图书等方面，并未能在国家的政治生活中发挥重要的作用，直到汉武帝和董仲舒登上历史舞台，情况才开始发生变化。

 ## 罢黜百家，独尊儒术

董仲舒（公元前 179 年—公元前 104 年），汉广川郡（今河北省景县）人。在儒家经典中，董仲舒专门研究的是《春秋》，尤其是"春秋三传"之一的《公羊传》，这在当时被称为春秋公羊学。

早在汉景帝在位期间，董仲舒就已经进入政府，成为博士官。但在当时，黄老思想盛行，政府虽然也为儒生设置了博士官，给他们颁发俸禄，却并不重用儒生。在此时期，董仲舒将更多的时间和精力都用在培养弟子上。

公元前 140 年，汉武帝下诏郡国举孝廉，策贤良，征求治国的方略。董仲舒接连奏上三篇策论，从儒学的立场出发，讨论了天人关系，因此这三篇策论被称为"天人三策"。其中，董仲舒提出了著名的天人感应论、君权神授论、春秋大一统论、三纲五常论，并提出尊王攘夷，罢黜百家、独尊儒术。

在天人感应理论中，董仲舒首先是把"天"人格化，认为天是有意志的，是支配一切的最高主宰，自然界的变化和人类的事务都是由天决定的。这与孔子思想中视天为自然的天是完全不同的了。

接下来，董仲舒认为，君权来自于天，君主是上天在人世间的代理者，每个王朝的建立都是"受命于天"。君主代表上天来统治万民，不能违背上天的意志。如果君主在政治上出现过错，不能令上天满意，上天就会降下种种灾祸以示警告。任何自然灾害，如旱灾、涝灾、风灾、地震、蝗灾、雹灾、雪灾、火灾等，都被看成是卜天对君主的警告。

因此，每逢有大的天灾发生，皇帝就要下"罪己诏"，对自己的错误进行检讨，做自我批评。这种做法一直被历朝历代沿用，直到中国的最后一个王朝。

如果君主对上天的警告无动于衷，对自己的错误不思悔改，王朝就有可能失去上天的护佑，就可能造成改朝换代了。

董仲舒也在春秋公羊学中为国家的统一找到了理论依据，这就是其春秋大一统理论。

董仲舒认为，大一统是宇宙的普遍法则，统治王朝自然也要遵循

这个法则。而大一统可以分为政治上的一统和思想上的一统两个方面，当时的西汉王朝自然已经完成了政治上的一统，之所以还会出现一系列的混乱，就是因为尚未完成思想上的一统。因此，董仲舒提出，应该用儒家的思想来统一学术思想，罢黜百家、独尊儒术。

这种做法虽然比李斯给秦始皇的焚书建议要和缓得多，但是两者的出发点却是一样的，都是为了统一思想、统一认识，都是对战国时期百家争鸣的一种历史反动。

在孟子的"五伦"思想的基础上，董仲舒进一步提出了三纲五常理论。

孟子认为，"父子有亲，君臣有义，夫妇有别，长幼有序，朋友有信"，指出，父子关系、君臣关系、夫妻关系、长幼关系、朋友关系，这是人的五种最基本也是最重要的社会关系，合称为"五伦"。

董仲舒则认为，"五伦"中的君臣、父子、夫妻三种关系是最重要的。他又从阴阳学说出发，认为君、父、夫为阳，臣、子、妻为阴，本着贵阳而贱阴的观念，认为君为主、臣为从；父为主，子为从；夫为主，妻为从，由此总结出"君为臣纲、父为子纲、夫为妻纲"的三纲。这里已经明显地受到阴阳家一些思想的影响。

董仲舒又认为，仁、义、礼、智、信是处理君臣、父子、夫妻关系的最基本法则，合称"五常"，由此构成三纲五常观念。三纲五常，此后一直是中国古代最基本的伦理观念。

汉武帝虽然很欣赏董仲舒的"天人三策"，也采纳了他的建议，实行罢黜百家、独尊儒术，但对董仲舒却没有重用。董仲舒只是先后担任过江都相、太中大夫、胶西相等地方官，未能在中央任职。晚年退居在家，专事著书讲学，著有《春秋繁露》一书。

公元前 136 年，西汉朝廷专门设立儒家的五经博士，取消了其他诸子各家的博士官，这是独尊儒学的开始。其他各家学说由于不再拥有官方的认可，变成纯粹的民间学派，学者没有从政的机会，因此慢慢衰落下去。

对于存在不同解释学说的儒家经典，有的时候一部经也设立不同的博士。至西汉宣帝时，五经都已经存在不止一家的博士，《易经》有施、孟、梁丘三家，《尚书》有欧阳、大夏侯、小夏侯三家，《礼》有庆氏、大戴、小戴三家，《诗经》有齐、鲁、韩三家，《春秋》有《公羊》的颜、严二家。

后来《易经》又增设京氏一家，五经博士共达 15 家之多。东汉五经博士共 14 家，除了《礼》少了庆氏一家外，其他都与西汉相同。

博士的重要职责之一就是培养博士弟子。最初博士弟子的定额为 50 人，很快增加到 100 人，成帝时达到 3000 多人。汉末，太学大盛，诸生达 30000 余人。

在成为官方认可的唯一学派之后，儒家思想吸纳了大量其他学派的思想，与先秦时代的儒学已经存在比较大的差异了，这一点在董仲舒的思想中就已经有了十分明确的体现，这是历史上儒学最重要的一次转折。

汉代儒家学说的另一个重要变化是，儒学渐渐地发展为经学，成为解说和阐释儒家经典的专门的学问。

汉代初年，由于文本的经典皆毁于秦始皇的焚书，儒家学者在教授弟子时，靠记忆用当时的字体背写出儒家的经典，这些儒家经典被称为"今文经"，所谓"今文"指当时通行的文字字体，即汉字的隶书。后来各地陆续发现了一批当年隐藏起来的儒家典籍，都是用秦代

的文字写成的，因而称之为"古文经"，所谓"古文"指的是秦代的篆书。两种来源的经书存在着差异，也就出现了以哪一种为正确的问题，这种争论被称为"今古文之争"，儒学逐渐分为今文和古文两派。

今古文的差异主要体现在，古文经学崇奉周公，认为孔子是古典文献的整理保存者，是一位述而不作、信而好古的先师；而今文经学认为孔子是"为汉制法"的"素王"。古文经学认为六经是上古文化典章制度和圣君贤相政治格言的记录，最重视《周礼》；而今文经学认为六经表达的是孔子的政治思想，其中蕴含着大量的微言大义，最重视《春秋公羊传》。两派在治学方法上也存在明显差异。今文经强调阐释儒家经典中包含的微言大义，也就是其中蕴含的深刻哲理；古文经则重在解释儒家经典的字面意义以及其中涉及的一些典章制度。但是，汉代设立的五经博士都是今文经。

随着今文经学的发展，其弊端也越来越明显，主要是三个方面。其一，流于烦琐。据说，仅《尚书》中的"曰若稽古"四个字，今文经学者就可以解释其含义多达10万字。此外，还要守"师法""家法"，严格按照本派的学说去阐释，不得越雷池一步。其二，其理论包含许多对现实的批判，不适应统治者的需要。其三，受谶纬的影响越来越深。

谶，指一种隐语或预言，又分为图谶和谶言两种。图谶是以图的形式预言未来，谶言是用隐语来预言未来。这种东西早在秦代就已经十分流行，秦始皇正是看到了谶言中说"亡秦者胡也"，才派蒙恬率30万大军北征被称为"胡人"的匈奴。秦代另一个著名的谶言是"楚虽三户，亡秦必楚"。

纬是相对于"经"而言，是后人编造的附会经典的著作，其中的迷信色彩也非常强。因为其与儒家的"经"书相配合，因此称"纬"书。汉代著名的纬书有七种：《易纬》《书纬》《诗纬》《礼纬》《乐纬》《孝经纬》和《春秋纬》。

随着今文经学与谶纬的结合越来越紧密，其神秘迷信色彩也就越来越强，这也就与儒家学说的真正精神相去越来越远了。这也为魏晋时期玄学兴起，冲击经学、一扫谶纬埋下了伏笔。

 ## 《白虎通义》

董仲舒创立的今文经学借助神学的形式阐发儒家思想，这相对于古典儒学的理性主义精神来说，无疑是一种倒退。不过也应当看到，董仲舒借助神学的形式把儒家的人学思想表达出来了。他所关心的依然是人伦关系、社会统治原则等此岸世界的事情，并没有把人们引入超人间的信仰领域，这并不违背儒家的入世传统。所以，从总体上看，他所创立的今文经学还不能完全归结为神学。

以董仲舒为代表的今文经学既有维护王权的一面，又有与王权矛盾的一面。例如，他宣传的民本思想与"天谴"说，都包含着对王权加以限制的意思。另外，今文经学严格地按师法家法传授，不可避免

地形成各种门户之见。为了消除经学与王权之间的矛盾和经学内部的分歧，封建帝王常常亲自出面干预学术讨论。

甘露三年（公元前 51 年）汉宣帝在未央宫石渠阁"诏诸儒讲五经异同"，召开御前学术会议，史称"石渠阁议"，有《易》学博士施雠等 22 人参加了这次会议。会议决定增立梁丘《易》、大小夏侯《尚书》、《谷梁春秋》博士。石渠阁议是汉代经学史上的一次重要会议，为建立统一的经学铺平了道路，但它并未完全解决问题。

东汉建初四年（公元 79 年）章帝再次出面，白虎观召集会议，讲议五经同异。班固在会后整理成《白虎通义》。这是一部自董仲舒以来今文经学经义的总汇，也是一部钦定的儒学法典。

《白虎通义》比董仲舒的《春秋繁露》更加突出王权至上的思想，强调"王者，父天母地，为立之子"，具有至高无上的权力，臣民们必须绝对服从皇帝的旨意。这样，便把儒学完全变成王权的附庸。《白虎通义》把五经同异中的一些学术分歧，也一概统一到王权至上的观念上，凡危及王权的学说一律予以剔除。

《白虎通义》论述了爵、号、谥、五祀、社稷、礼乐、封公侯、京师、五行、三军、诛伐、谏诤、乡射、致仕、辟雍、灾变、耕桑、封禅、巡狩、考黜、王者不臣、蓍龟、圣人、八风、商贾、瑞贽、三正、三教、三纲六纪、情性、寿命、宗族、姓名、天地、日月、四时、衣裳、五刑、五经、嫁娶、绋冕、丧服、崩薨 43 个专题，几乎涵盖了封建社会从经济基础到上层建筑的方方面面。在这 43 个专题中，都贯穿着三纲五常这一根本思想。《白虎通义》把今文经学发展到最完备的程度。然而，由于它把今文经学完全纳入专制主义的轨道，从而也就扼杀了它的生机，致使今文经学趋于僵化。

以董仲舒为代表的今文经学的神学倾向的进一步发展，便导致谶纬之学的兴起。

谶是一种神秘预言，大都荒诞不经，没有多少理论价值。

谶纬之学作为一种社会思潮，兴起于西汉哀、平之际，盛行于东汉时期。东汉的创立者光武帝刘秀曾利用"刘秀发兵捕不道，四夷元集龙斗野，四七之际火为主"的谶语起事，推翻王莽政权，重建刘氏王朝。他即位后，便"宣布图谶于天下。"经过明、章二帝的扶植，谶纬一时成为显学。"儒者争学图纬，兼复附以妖言。"（《后汉书·张衡传》）谶纬对于王权既有有利的一面，也有不利的一面。它既宣扬君权神授观念，同时又隐含着以神权压制王权的思想。某些阴谋家常常利用这一点借谶纬惑众，从事争夺皇位的活动。封建统治者终于发现，谶纬之学弊多利少，不能有效地维护皇权、稳定政局。至南朝宋始，已采取禁谶措施。隋炀帝曾下令焚毁谶纬之书，严禁造谶、传谶。从此以后，谶纬之学这个从今文经学衍生出来的怪胎便逐渐地销声匿迹了。

古文经学的崛起

到西汉末年，今文经学独尊的地位开始动摇，与今文经学抗衡的古文经学逐渐抬头。

　　古文经学的旗帜是由今文经学家刘向之子刘歆举起来的。在刘歆之前，古文经虽有传本，但未立博士，不列于学官。刘歆承继父业在秘府里校书，得读古文经《春秋左氏传》，大为喜好，遂放弃今文经学立场，着手建立古文经学章句体系。

　　刘歆向哀帝建议将古文经《左氏春秋》《毛诗》《古文尚书》《逸礼》等立于学官，遭到属于今文经学派的太常博士们的一致反对，拉开了今、古文经学两大派论争的序幕。这次起奏刘歆没有达到目的。到平帝时，刘歆在权臣王莽的支持下，终于实现了自己的设想，立了五个古文经博士。从此，古文经学得以同今文经学分庭抗礼。

　　王莽篡政后，古文经学大兴，影响超过今文经学。光武帝刘秀重振汉业，古文经学一度遭废。时过不久，到东汉中叶古文经学东山再起，又一次压倒今文经学，并迅速发展到鼎盛时期，涌现出卫宏、贾逵、马融、许慎等卓有成就的古文经学大师；尤其是许慎的《说文解字》和《五经异义》，对于古文经学学术地位的确立起了很大作用。当时治古文经学的儒生很多，仅马融门下的弟子就有数千人之多。

　　古文经学同今文经学一样，也是为当时的政治服务的。许慎声称，"文字者，经义之本，王政之始。"（《说文解字·叙》）不过，古文经学不像今文经学那样恣肆，学风比较严谨。古文经学家讲究名物训诂，史实考证，斥责今文经学的怪诞与虚妄，一定程度地恢复了古典儒学的理性主义精神，纠正了今文经学的独断主义倾向。因此，古文经学压倒今文经学并非偶然。古文经学确实有深厚的功底和学术上的优势。

　　古文经学家为了准确地解释儒家经典，对文字学、音韵学、文献学、训诂学作了相当科学的研究，取得了一些学术成就。这为后人开展学术研究和整理文化遗产打下了良好的基础。但古文经学那种"故纸堆讨生活"的研究方式，对儒家思想的发展也起到了限制、束缚的作用。古文经学在理论上贡献不大，没有产生出董仲舒那样的思想家。

古文经学与今文经学两派互相攻讦，各言其是，使儒生们莫知所从。鉴于这种情况，东汉末年郑玄以古文经学为宗，兼采今文经学之说，遍注群经，自成一家之言。据《后汉书·郑玄传》载："凡玄所注《周易》《尚书》《毛诗》《仪礼》《礼记》《论语》《孝经》《尚书大传》《中候》《乾象历》，又著《天文七政论》《鲁礼禘祫义》《六艺论》《毛诗谱》《驳许慎五经异义》《答临孝存周礼难》凡百余万言。"郑学的出现使汉代长期存在的今文经学与古文经学的争论宣告平息。郑学得到广大儒生的推崇，从游者甚众，使经学暂时形成统一的局面。所以，郑学又有"通学"之称。

郑学虽然化解了古文经与今文经两派的对立，但并未解除经学面临的危机。第一，郑玄相信谶纬，常常以谶纬附会经说，未能冲破独断主义的迷雾恢复儒学的理性主义精神；第二，郑玄未能遏制经学日益烦琐的趋势，经学越来越变得令人生厌；第三，在东汉末年读经不再是做官的途径，士人不再热衷于此道。由于这些原因，汉代经学无可挽回地衰落了。

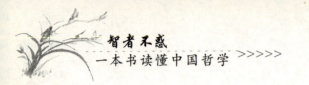

《吕氏春秋》与《淮南子》

自战国末期开始，在诸家思想相融合的大趋势之下，出现了一个新的学派杂家。它不再强调学派的差异，而是试图融诸家学说于一炉。其目的是，在博采众议、兼容并蓄的基础上，提出一套更为切实可行的治国方针。

严格说来，杂家并不是一门有意识、有传承的学派，当时兼采众家之长的人们，也没有想到自己会被视为一个新的学派。直到汉代学者们整理先秦思想时，把《吕氏春秋》一书归入杂家，这个学派才正式被定名。

《吕氏春秋》是秦国丞相吕不韦主编的一部古代百科全书式的巨著。吕不韦（公元前？—公元前235年），原籍卫国濮阳人，本身是一个大商人，史书中称他为阳翟（今河南禹州）大贾。但他不满足于大商人的地位，一直在寻找机会，投身政界。他结识了在赵国做质子的秦公子异人，并用金钱和美女收买了异人。公元前250年，秦孝文王去世，公子异人回国即位，就是秦庄襄王，为对吕不韦表示感谢，他任用吕不韦做了秦国的丞相。据说吕不韦第一次发现异人时，暗中嘀咕道："此

奇货可居。"后来，"奇货可居"成为一直使用到今天的成语。

传说，吕不韦送给公子异人的一位美女，本来是他自己的姬妾，是在他知道这位美女已经怀孕之后，刻意隐瞒这一情况，将她送给异人。这位美女在跟了异人之后，生下一子，名嬴政，就是后来统一中国的秦始皇。

吕不韦成为秦国的丞相之后，封河南洛阳 10 万户，称文信侯。秦王嬴政即位后，他继续担任丞相，还被尊称为"仲父"。吕不韦任丞相期间，曾经攻取周、赵、卫等国的土地，为秦国建立三川、太原和东郡，对秦国兼并六国的事业有过贡献。后来因为嫪毐集团叛乱一事受到牵连，被免除丞相职务，回到他在河南的封地居住。但不久之后，秦王嬴政又命令他全家迁往四川，吕不韦不明所以，心生恐惧，最终服毒自尽。

战国时，东方各国政界名人都流行供养食客。像魏国的信陵君、楚国的春申君、赵国的平原君、齐国的孟尝君，被称为四大公子，每个人都有上千的食客。秦国作为当时最强大的诸侯国，这方面竟然还不如其他国家，这令吕不韦很不满意，因而在他任丞相期间，也开始招揽人才，大量养士。

《吕氏春秋》就是吕不韦组织自己的门客编写的融诸子百家思想于一炉的著作。它试图从政治、经济、军事、文化教育等方面，总结春秋战国以来的历史经验和教训，以便为即将出现的统一集权国家进行策略性的转变作理论方面的准备。

《吕氏春秋》，一名《吕览》，成书于公元前 239 年，有 12 纪、8 览、6 论，全书共 26 卷、160 篇，20 多万字。其内容极为驳杂，儒、道、墨、法、兵、农、纵横、阴阳等各家的思想全都包括，涉及政治、

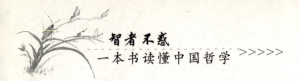

经济、哲学、道德、军事等方面。其中竟然有四篇是专谈农业的。除
《上农》篇讲的是重农政策之外，《任地》《辩土》《审时》三篇，可
以说是中国现存最早的农学论文。

《吕氏春秋》成书后，吕不韦曾令人誊抄一部，悬挂在秦国都城咸
阳的城门上，声称有谁能够改动其中的一个字，就赏给千金。这就是
成语一字千金的来历。

除《吕氏春秋》外，另一部杂家的名著，是成书于西汉的《淮南
子》。

《淮南子》，又名《淮南鸿烈》，是西汉初年淮南王刘安召集门客编
写的，于公元前 139 年进献给朝廷。

《淮南子》今存 21 篇，已非当年全貌。全书内容庞杂，糅合了道、
阴阳、墨、法和儒家的思想，但整体上还是倾向于道家的，是战国至
汉初黄老之学的理论体系的代表作。这显然是受西汉初年以黄老之学
为治国原则的影响。《淮南子》虽然无一字提到《吕氏春秋》，但事实
上，正是《吕氏春秋》给予《淮南子》以最大的和最直接的影响。

在汉代以后，虽然这种杂糅诸家之说的著作仍旧存在，但由于思
想界已经统一于儒家思想，不存在百家争鸣的现象，自然也就无所谓
杂家了，因此，后代同类著作也不再被视为杂家的作品。

杂家思想虽然兼采众家之所长，但实际上，是以阴阳家和儒家思
想为框架，以法家思想为主线，融合其他各家思想而成的。由此我们
发现，虽然在秦帝国灭亡以后，法学思想表面上被后来的统治者所抛
弃，但实际上，其内容已经改头换面，融入其他学派的思想——尤其
是占统治地位的儒家思想——之中，而在中国古代的政治生活中一直
发挥着应有的作用。

对谶纬之学的反击

　　就在两汉儒家经学受到谶纬之学的影响，朝廷内外弥漫着一片神秘主义气息的时代，中国的无神论思想也在走向成熟。在东汉，最早站出来反对谶纬，并表达了无神论思想的，是在当时被称为"异端"的思想家桓谭。

　　桓谭，字君山，沛国相（今安徽濉溪县西北）人。桓谭博学多识，遍习五经，多次与当时的著名思想家刘歆、扬雄讨论一些学术上的疑难问题，表现出过人的才华。但是，他喜欢讥骂俗儒，因此在官场上受到排挤；直到王莽当政时，他才因为父亲的关系而出任掌乐大夫。东汉建立后，桓谭被汉光武帝刘秀任命为议郎给事中。

　　作为东汉的开国皇帝，刘秀是非常相信谶纬之术的。在西汉末年已经流传着一条被称为《赤伏符》的谶言："刘秀发兵捕不道，卯金修德为天子。"在刘秀年轻时，在一次聚会上，有个叫蔡少公的人说起了这条谶言，并解释说有个叫刘秀的人将要当皇帝。刘秀当时开玩笑说："怎么知道就不是我呢？"后来刘秀起兵，平定王朗，占据了河北以后，臣下又举出《赤伏符》来劝进，刘秀也就顺水推舟地做了皇帝。

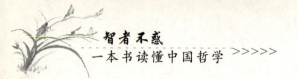

也有人说，刘秀本名叫刘歆，是为了与《赤伏符》的内容相吻合，才改名为刘秀的。但不管怎么说，刘秀即位后对谶纬之学持肯定和支持的态度，因而，东汉初年的朝廷中，形成了无人不研究谶纬的风气。

桓谭却公开反对谶纬之学，他认为谶纬的预言虽然也有巧合的时候，可就像占卜一样，只是一种偶然性，不足为信。他希望光武帝能够接受自己的建议，抛弃这些不可取的东西。一天，朝廷讨论灵台修筑的地点，光武帝打算用谶语决断，征求桓谭的意见，桓谭沉默了好一阵才回答说：“我不会解读谶语。”这引起全场的震惊和刘秀的愤怒，结果桓谭差点以藐视先圣、目无法纪的罪名被杀。

在反谶纬的基础上，桓谭还反对长生不老。对此，他提出了有名的形神论思想。他认为人的精神与形体之间的依附关系，就像烛火与蜡烛之间的关系一样。精神不能脱离形体而独立存在，正如烛火不能离开烛体一样。既然精神不能离开形体，那么人的肉体死亡之后，也就没有所谓的精神存在了，长生不老之说也就不攻自破。而且桓谭认为，人的生老就如同四季的代谢一样，是一种自然规律，不可违背。

桓谭著有《新论》一书，这本书的主旨是为了“兴治”，也就是出于政治的目的，书中提倡统治者要任用贤能、重农抑商、统一法度，实行王道与霸道的结合，这些政治思想显然都具有一定的积极作用。但是，最为重要的是，书中还具有明显的无神论倾向。桓谭的形神论等唯物主义思想，具有反对长生说、反对迷信的意义，这些思想以及他求实的思想精神，都对稍后的王充有很大的影响。

王充（公元27年—约97年），字仲任，会稽上虞（今浙江上虞）人，是东汉时期最著名的无神论者，唯物主义哲学家。

王充祖籍魏郡元城（今河北大名），在王莽篡权之后，元城王氏成为当时第一家族。但是长期以来的豪族风气最终断送了家族的命运，成为以农桑为业的普通人家。王充的家族经过多次迁徙：第一次是因军功从古燕赵之地被封到会稽阳亭；第二次是在西汉末年，因其任侠斗勇，横行乡里，为了躲避仇家抓捕，迁居到会稽钱塘县（今浙江杭州），靠经商糊口；第三次也是因为逞勇斗狠，与当地豪族结怨，又不得不全家仓皇出逃，最终落户上虞章镇。后两次的迁徙致使王家日渐贫困，在王充10岁时，父亲王诵去世，家中更是衰败，所以王充说其出身"孤门细族"。

王充幼年时接受过儒家的正统教育。王充在其《自纪》中说手书既成，辞师，受《论语》《尚书》。也就是说，王充学会写字后，就辞别原先的老师，开始学习儒家经典《论语》和《尚书》。

后来，王充又来到洛阳太学学习，拜班彪为师。太学是东汉最高学府。班彪是《汉书》的作者班固的父亲，这父子俩在东汉时期都是著名的学者。据说，此时的王充由于家中积蓄有限，无钱买书，只能到洛阳书店中去看书，喜欢博览群书而不死记章句。

王充的思想深受班彪、桓谭、杜林、郑众等古文经学家们的影响，尤其是受桓谭思想的影响颇深，颇具求实精神，反对当时流行的谶纬之学。

就这样，一面拜访名师，一面博览群书，王充在洛阳一待就是十几年。学业有成之后，王充也曾抱着致君尧舜的梦想，走"学而优则仕"的路子，但是他的仕途与其老师们相差无几。王充曾做过官的地方有扬州、丹阳、九江、庐江等地，但都是文职小官。大约也是在这个时期，王充完成了对后世影响深远的《论衡》一书。

王充说自己写《论衡》的目的是"冀悟迷惑之心，使知虚实之

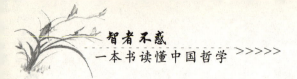

分"，其体裁是对各种虚妄不实的世俗之见，逐条、不厌其烦地加以驳斥，写作的出发点就是对当时东汉社会存在的将儒学神秘化的谶纬之学进行批判，由此《论衡》成为中国古代具有唯物主义思想的哲学名作。

王充的无神论哲学思想中，最重要的是元气论。他的元气论是在对前人，如《管子》《淮南子》的元气论加以批判继承的基础上形成的。王充认为，天地万物，包括人，都是由气组成的，气的施放生成万物，气是一种物质元素，因此，由气构成的天和地，都是客观存在的物质实体。而且万物无有不动，也就是说，自然界的一切都是运动变化的。天、地都是自然的产物，更重要的是他们是没有意识的，也就无所谓天人感应，这样就否定了神学目的论的天命安排、天意等。人世间的一切是自然而成的，没有所谓的人格神——天的安排。

王充认为，人有生就有死，人所以能生，是由于他有精气血脉。当精气尽、血脉竭的时候，人自然死亡。人死如灯灭，灯灭之后，如何还能有光?这样王充就否定了鬼的存在，也就破除了"善恶报应"的迷信。王充认为鬼来源于世人病态的心理活动，是心中有鬼所造成的错觉。这很明显是王充对桓谭精神与形体论的继承。

但是，王充把自然规律用于说明社会现象，就陷入了命定论。如他认为人生的遭遇祸福、贫贱富贵都是自然决定了的，人力是无法抗拒的，这样就把自然之道绝对化了。

王充去世后，其反谶纬之学的思想并没有中断，后继者就是王符。

王符，字节信，东汉安定临泾（今甘肃镇原南）人。范晔的《后汉书》记载了有关王符的三件事。

一是与马融、窦章、张衡、崔瑗等学者交好。王符如果不是游学洛阳时，碰到这些当时有名的学者，并受他们的影响，其名作《潜夫论》的完成恐怕是不可想象的。尤其值得一提的是张衡（公元78年—139年），他不仅是一个天文学家，发明了浑天仪，还是当时一位反对图谶之学的思想家，他对王符有过比较大的影响。

二是王符"无外家"，也就是说，王符是庶出。中国古人讲究嫡庶有别，正妻所生之子是为嫡出，妾所生之子是为庶出，庶出是没有继承权的，其外家（母亲一族）不被承认。王符因这一出身备受当时人的嘲讽。

三是王符晚年很受度辽将军皇甫规的尊重。据说，皇甫规告老还乡后，有一个级别为两千石的长史来见他，他都很怠慢，唯独王符来见他时，皇甫规不仅亲自出门迎接，还谈了很久，以致当时流传一句俗话："徒见二千石，不如一缝掖。""缝掖"是一种剪裁得很不称身的衣服。从王符晚年还穿"缝掖"来看，其生活水平是不容乐观的。

王符不想依靠权贵引荐而谋得官职，所以一直得不到升迁。但是，王符埋头苦读，潜心著述，讥评时政得失，意图提出救治之方，最终写成了名著《潜夫论》。

《潜夫论》是一部政论与社会史论性的著作，该书较全面地反映了王符的哲学和社会政治思想。从《潜夫论》中可以看出，王符思想的主流是孔孟的儒家思想，也掺杂了一些道家和法家的思想。其中"元气一元论"的无神论思想，则是对王充元气论的直接继承。

王符认为，天地间万物万象，包括"鬼神""变异吉凶"，都是气的变化所形成的，而且气的变化是无意识的。相比于王充的元气自然论，王符的元气白化论更明确指出，元气自己运动、自我发展的内在动力是事物运动变化的根源。同时王符强调人的主观能动性，认为任

何事情都是事在人为。人的贵贱贫富，不是取决于天地鬼神的安排，一切都是由人的客观条件和主观行为所决定的。对于当时盛行的谶纬神学，王符也是持否定态度的。

两汉时期的无神论思想，无疑是在神学弥漫的风气中，点亮了一盏明灯，虽然在当时的中国社会并没有引起普遍的关注，却为后世的唯物主义思想家范缜的无神论思想指明了方向。

第十章

魏晋南北朝：儒释道鼎立

魏晋南北朝时期，中国哲学出现了多元并存、多途发展的新格局。儒家经学一度衰落，玄学风行，佛教得到广泛的传播，道教逐渐成熟。魏晋玄学主要包括有无之辨、言意之辨、自然与名教之辨几个论题，代表人物有何晏、王弼、裴頠、郭象等。东晋、十六国时期名僧辈出，翻译经典增多。南北朝时期，佛教进入兴盛时期。汉魏之际，民间出现道教组织，后经过寇谦之等人的改革，发展成为成熟的宗教教团。

玄学的发生与发展

魏晋南北朝时期的士大夫，大多不谈世事，尚论玄理，用今天的说法，就是不务正业。严格来说，玄谈是由魏正始年间王弼、何晏提出玄学开始的。

玄学的产生，是汉代儒家经学衰落的必然结果。汉代学术，自武帝独尊儒术以来，儒家的今古文经学，一向居于统治地位。但由于它神学化渐趋严重，且与谶纬迷信合流，加以家法森严，解说烦琐，渐为人们所厌倦。及至东汉末年，政治局势动荡，豪族势力大受打击，汉统治终于垮台。于是旧日以经学取士的利禄之途已失，儒家经学的势力明显衰退。三国时魏武帝曹操起自寒门，故选拔人才不用旧日的察举标准，汉的明经取士制度被"明扬仄陋，唯才是举"的明令所代替，又进而打击了旧日的士族豪门。后来曹丕立"九品官人法"，虽又重视门阀，但与汉代也有所不同，他们也已不那么重视儒经了。

由于这种形势，所以魏晋的学者一方面极力寻求对"道德"的新解释，另一方面面对扑朔迷离的社会现实，有识之士极欲破去烦琐、迷信的今、古文经学，于是出现清新简要、直探义理的谈经风气。在崇尚自然的思想倾向下，老、庄固受推重，儒家经典也被注上了易简、自然的新义，这是玄学形成的原因之一。

从汉末清议到魏晋玄谈，谈论的内容随着时代的发展而发生变化，然而谈论的风气则有增无减，清谈成为士族生活的必需，人们的才智全倾注于谈辩。玄谈的课题主要有才性四本论、声有无哀乐、养生论、言意之辩以及圣人有情或无情等。这些玄谈的主题，经由正始到竹林七贤时期大致完成。玄谈由正始经竹林七贤时期、西晋到东晋，发展到最盛，特别是东晋，几乎全为清谈笼罩。

魏晋玄学的主要代表人物有何晏、阮籍、嵇康、王弼、向秀、郭象等。其基本特点有：以"三玄"为主要研究对象，并以《老子》《庄子》注解《易经》；以辩证"有无"问题为中心；以探究世界本体为其基本内容，有提出"以无为本"及认为"有"是独自存在的，不需要"无"作自己的本的思想；以解决自然与名教的关系为其哲学目的；针对汉儒支离烦琐的解释方法，强调在论证问题时把握义理，反对执着言、象，提出"得意忘言""寄言出意"的方法；以"辨名析理"为其思维形式。

魏晋玄学的发展经过四个时期：第一是曹魏正始时期。玄学家以何晏、王弼为代表，以《易》《老》为理论论据，盛倡"贵无"，鼓吹"言不尽意"，主张"名教出于自然"，为门阀士族利益服务。第二是西晋初至元康时期。玄学家以竹林名士阮籍、嵇康为代表，思想上与何王学派对立，在名教与自然的关系上主张"越名教而任自然"，代表庶族寒门的利益。第三是晋元康时期。玄学家以裴頠为代表，提倡"崇有论"，反对"贵无论"。第四是晋永嘉时期。玄学家以向秀、郭象为代表，是玄学的综合和完成时期。

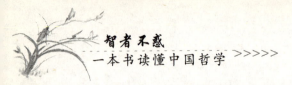

历史上各朝代对魏晋玄谈的评价，向来毁誉不一。然而一般说来，玄学崇尚老庄自然，冲击儒家名教，是它受毁的重要原因。早在两晋时期，玄学即受到儒者的严厉批评，然而他们多出于维护礼法名教之立场，视玄学为异端，尤其明清之际的顾炎武批评的最为激烈。另外，也有很多人，站在揭露礼法虚伪之立场，大力为玄学做翻案文章。

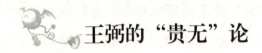

王弼的"贵无"论

王弼是魏晋玄学的开创者和奠基人，他继承老庄哲学，说无谈玄，虽英年早逝，但在中国哲学史上产生了重要的影响。

王弼出生于书香世家，他的祖父王凯与建安七子之一的王粲是亲兄弟。王粲从蔡邕那里得书数车，这些书后来为王弼的父亲王业所得。王弼饱览群书，苦读儒家经典，但最喜欢读的还是《老子》和《庄子》，很快就成为才华出众的少年名士。

有一天，他随父亲王业去拜访吏部郎裴徽。裴徽学问渊博，是一位著名的学者，和王弼非常投缘，于是就有了一段影响深远的对话。裴徽问他："'无'是万物的根源，但是圣人却不说，而老子反而阐述'无'，这是为什么呢？"王弼想了想，然后回答说："圣人做事虽然以

'无'为原则，但是因为'无'很难解释，所以索性就不说；老子呢，他实际是信奉'有'的，所以常常说'无'。"他用道家学说来解释儒家学说，提出了自己独到的见解。

王弼回答的巧妙之处在于：其一，借用老子"道本无言"的学说维护了圣人的神圣地位，认为孔子体会"无"但不谈"无"，老子大谈"无"，反倒证明其执着于"有"。其二，由于提出"圣人体无"的观点，那么关于"无"的话题就有了被主流意识形态认可的合理性，从而道家的思想可以打着儒家的旗号，进入经典诠释的领域。其三，正因为圣人体验到"无"而不说，所以如何揭示圣人之体验，就成为儒家经典阐释学所面临的首要任务。王弼之注《周易》《论语》，无不以此为出发点。

这件事很快在学术界传开了。首倡玄学的吏部尚书何晏，对于王弼极为赏识，由衷地赞叹说："仲尼称后生可畏，若斯人者，可与言天人之际乎！"意思是说，这位不到二十岁的小伙子，已经具备了谈论天道和人事的资格，这就是孔子所说的后生可畏啊！在多人谈玄的座谈会上，王弼才思敏捷，在答辩中驳倒了众多谈客，最后自问自答，破解了玄学中的很多难题。

何晏有意提拔王弼，想起用他为黄门侍郎（皇帝的侍从），但这个职位被曹爽的亲信王黎夺走，使王弼不得已在王黎手下当补台郎。王弼认为大材小用，快快不乐，于是便潜心学术，深入钻研《老子》《庄子》《周易》。他在注《周易》和著《老子指略》《道略论》中阐发自己的玄学观点，使何晏、刘陶、钟会、荀融等人折服。可是他恃才傲物，不善交际，还常常以自己所长取笑他人，和很多人的关系搞得很僵，最后把自己的小官也弄丢了。

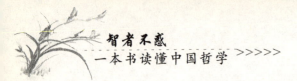

正始十年（249年），司马懿掌权，把曹氏集团的骨干何晏杀害。王弼与何晏虽然关系密切，但仅限于哲学讨论，政治上没有多少瓜葛，并没有受到株连，只是兔死狐悲，心境凄凉。同年秋天，年仅二十四岁的王弼，被瘟疫夺去了生命。一颗智慧之星从此陨灭了。

王弼人虽死，但在他有限的时间内，写了很多著作，包括《周易注》《周易略例》《老子注》《老子指略》《论语释疑》等，其中《周易注》在唐孔颖达编《五经正义》时定为标准注本。这些著作大部分保存下来了，现有《王弼集校释》（楼宇烈整理）。

王弼是我国哲学史上第一次系统论证本末、体用等哲学范畴的哲学家。他注《老子》和《周易》，一反汉代经学家的烦琐之风和谶纬神学的迷信思想，运用抽象思辨，注重义理分析，在学术上开创新风。王弼着重论述本末、体用、有无、动静、自然和名教等关系，强调"有"（现象、存在）以"无"为本、为体，"凡有皆始于无"，进而肯定名教（"有"）也出于自然（"无"），为封建伦理纲常做哲学辩护。

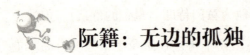

阮籍：无边的孤独

阮籍（210年—263年），字嗣宗，陈留尉氏（今属河南）人。竹林七贤之一，崇奉老庄之学。

阮籍看人时能分别以青眼和白眼对之。对于他所尊敬的人，他以"青眼"相加；对于为他所鄙视的人，便以"白眼"相对。他反对"名教"，崇尚"自然"，以酒为伴，不拘礼法。

据说阮籍平生嗜酒，听说步兵营里有位厨师善于酿酒，便请求去做步兵校尉，所以后世又称之为"阮步兵"。

当然，酒还是阮籍最好的护身符，他借酒保身，常喝得酩酊大醉。司马昭想娶他的女儿为儿媳，阮籍不愿同司马氏结亲，又不好公开拒绝，就连续饮酒，醉一两个月不醒，司马昭没有机会提亲，只好作罢。

儒家礼教讲究男女授受不亲，阮籍对此不予理会。他的嫂子回娘家，他就去和嫂子告别。人们讥笑这事不符合礼仪，他却理直气壮地说："礼，岂是为我这样的人而设的呢?"

邻家有个酒铺，女主人年轻貌美。阮籍经常到这家酒铺喝酒，喝醉了就躺在女主人旁边睡觉。因为他为人真诚坦荡，女主人的丈夫看见了，也不起疑心。

邻家有位少女长得很美，也很有才华，可惜没嫁人就去世了。阮籍与她家非亲非故，和那少女也素不相识，但是听说少女死了，却自说自话跑到人家府上，痛哭流涕，痛悼造物主无情，让如此美好的尤物殒命!

儒家礼教还特别讲究孝敬父母，生侍之以礼，死葬之以礼，阮籍对此却有自己的理解。

他的母亲病故了，亲朋好友都去吊唁。裴楷与阮籍是朋友，早早闻讯，早早去祭奠。一进灵堂，只见阮籍披头散发地坐在母亲灵前，不哭不语，如呆如痴，一阵酒气扑面而来。阮籍又醉了!裴楷心想，但他没有去打扰阮籍，而是按照礼仪下跪、叩头、哭悼，礼毕起身而

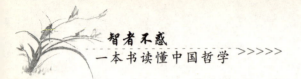

回。路上随从问他："凡是吊丧，主人哭，吊客才能为礼。阮籍都不哭，君为何哭？"裴楷说："阮籍是方外之人，所以不崇尚礼法。你我都是凡人，所以只能按礼节进退。"

守灵多日，该埋葬母亲了，阮籍蒸了一头小肥猪，取来两斗酒，在灵前又吃又喝。吃完喝完，他跪在母亲床前"举声一号，吐血数升"，差点昏死过去。

对于恪守封建礼法的君子，阮籍也进行了挖苦和讽刺，他作了《大人先生传》，其中说："世上的人所说的君子，只知道修好礼法、恪守伦理，手里总是拿着正规场合才派上用场的珪璧，迈步行走都不离礼教的规矩，举止要成为人们效仿的典范，言论要当作后世流传的格言，幼时要被乡里的民众称道，长大后要使邻国也知道他的名声。往上要力争担任尊崇的三公，在下也不失为地方的州牧。他们唯独不了解那些在裤裆中成群的虱子，钻入裤子深缝里，躲避在破旧的棉絮中，还自以为住在吉祥美好的地方；行动不敢离开裤缝，不敢钻出裤裆，却自认为这样符合礼法。但是，突然有一天棉裤被烧，大火把它们的吉宅烧成了一堆灰的时候，裤裆里的虱子们就再也逃不出去了。那些君子所处的地方，跟那虱子处于裤裆中又有什么区别呢？"

阮籍就是这样一个人，他外表坦荡而内涵至淳。有时，他独自一人驾着马车，信马由缰，也不选择道路，没有目的地往前跑，跑着跑着，前面无路可走了，便停下来，失声痛哭一场，然后往回走。这充分体现了他厌弃世俗、任性率真的品格。

阮籍早年崇尚儒家思想，志在用世，后来发生魏晋禅代的政治动乱，由于对现实的失望和深感生命无常，因此采取了蔑弃礼法名教的愤激态度，转到以隐世为旨趣的道家思想轨道上来。阮籍是魏晋玄学中的重要人物，曾写过两篇著名的文章《通老论》《达庄论》。在哲学观上，阮籍赞同老庄的"达"的观点，认为"达"的根本途径或基本方法即为"齐物"。

不过阮籍并非纯宗道家，他对儒学也并不一概排斥，如他在《乐论》一文中就充分肯定孔子制礼作乐对于移风易俗的重要性，认为"礼定其象，乐平其心，礼治其外，乐化其内，礼乐正而天下平"。在很多方面阮籍甚至尊崇儒家的一些学说，比如儒家的伦理孝道。

嵇康：越名教而任自然

嵇康，字叔夜，生于魏文帝黄初四年（223 年），死于魏元帝（曹奂）景元三年（262 年）。他在魏做过中散大夫，故称他嵇中散。他好学不倦，无师自通，喜欢老子和庄子的著作，不涉猎儒家经典。他有奇才绝巧，好弹琴，喜吟诗，是哲学家、音乐家和诗人；同时又是有风仪的美男子，做了沛王曹林（曹操的儿子）的孙女婿。他性情刚烈，又爱直言不讳，得罪了一些人。

嵇康的朋友吕安被人诬告下狱，嵇康挺身而出，为吕安辩护。这时，嵇康的仇人钟会趁机和吕安相勾结，合谋陷害嵇康。钟会在司马

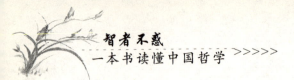

昭面前进谗言，说嵇康言论放荡，诽儒家经典，这是帝王所不容忍的事情，必须杀掉嵇康。嵇康在狱中时，京都的三千太学生为他请愿，豪绅们也设法营救，但都没有成功。嵇康自知不合时宜，所以对死亡并不恐惧。临刑前，他举目望天，月色尚早，便索琴而弹。

嵇康一生不爱做官。公元249年，野心家司马懿发动政变，杀害了曹爽、何晏，抄斩八族，控制了曹魏政权。一身正义的嵇康退出政界，拒绝为司马氏效劳。

他隐居乡村，和别人一起打铁，一起灌浇菜园，吟诗弹琴，游乐饮酒。"托好老庄，贱物贵身，志在守朴，养素全真。"他和阮籍、山涛、刘伶、阮咸、向秀、王戎结为朋友，经常聚集在乡间竹林之中，开怀畅饮，促膝倾谈。他们都是当时的名士，被称为"竹林七贤"。

嵇康处在黑暗的年代，对功名富贵看得很轻，好似过眼烟云一样。他反对野心家的"有为"，也反对山涛不顾廉耻而卖身投靠的"有为"，而主张"无为"的政治和"无为"的人生。他自己决心忘掉荣华，"游心于寂寞，以无为为贵"，过那种"浊酒一杯，弹琴一曲"的自由自在的生活。

嵇康提出"越名教而任自然"的观点。名教与自然的关系，是魏晋思想界经常研讨的问题之一，也是嵇康政治思想的核心。前已言及，何晏、王弼援道入儒，把道家的"自然"与儒家的"名教"相结合，认为名教出于自然。由于何晏、王弼代表了当权派的利益，所以他们主张君主无为，大臣掌权。曹爽、何晏等被杀以后，嵇康所面临的政治环境已经不同于往日，这时的情况是"人为刀俎，我为鱼肉"。身为曹氏之婿的嵇康，因年少官微，没有像魏亲戚大臣何晏、夏侯玄那样相继被杀。但刚直任性的嵇康毕竟不曾向司马氏投降，他对司马氏所宣扬的禅让和礼教等名堂一概嗤之以鼻，给以相应的揭露和抗争。

儒家名教和忠、孝、节、义等封建道德，自两汉以来即是统治者束缚下民、维护封建统治的得力工具，司马氏以臣下而觊觎君位，自然无法利用忠节作为欺骗口号。因此，司马氏倡导的名教特别突出一个"孝"字。他们每逢废君弑主，都把不孝的大帽子扣到被害者头上。嵇康对此深恶痛绝，他强调了"名教"和"自然"的对立，主张取缔假礼法，"越名教而任自然"。他说："矜尚不存乎心，故能越名教而任自然；情不系于所欲，故能审贵贱而通物情。"他认为六经与礼法都是统治者用以束缚人性的工具，只有恢复人的本性，才能符合自然的规律，社会上所以存在虚诈和争夺，是在上者假造所谓仁义道德的结果。

嵇康注意养生之道，他著《养生论》，否认人能成仙，但认为如能在形、神两方面善自保养，可以长寿。他说："神躁于中"，则"形丧于外"，所以要人们"爱憎不栖于情，忧喜不留于意，泊然无感，而体气和平"，加以"呼吸吐纳，服食养身，使形神相亲，表里互济"。他的养生思想是有一定道理的，但服食丹药并不可取，反倒会对身体造成伤害。

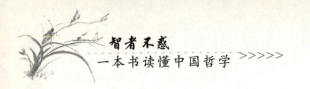
郭象的"独化"说

　　郭象（252年—312年），字子玄，魏晋玄学后期的重要代表人物。《晋书》载："（郭象）少有才理，好《老》《庄》，能清言。"《世说新语》记："郭子玄，有俊才，能言黄老。"

　　郭象涉身处世的西晋，建都在中原地区的古城洛阳。东晋南朝时，踯躅江左的士人仰望故都，常怀恋恨，所以习惯称西晋洛阳为中朝，当时游弋洛阳有声望的士人，则被称为中朝名士。郭象就是其中之一，由于提出独化论，而被当时人称为"王弼之亚"。

　　据说郭象原籍是河南，但后来有不同的记载。河南即今河南洛阳，而洛阳正是玄风大倡的地方。他才思卓越，善于清谈。《晋书·郭象传》说他："少有才理，好老庄，能清言。"魏晋特重才性，他的名气自然就大了。

　　入晋后，清谈的热点从清议人物才性转向清谈三玄（《老子》《庄子》《周易》）理旨。当时对郭象才思表示赞赏的，有王衍等人。王衍是当时士林的领袖人物，是相对贵无派的代表。而当时的郭象正热心于理论探索，提出了自己的独化说。

郭象认为，天地万物既不生于无，也不生于有，而是自己产生了自己，第一个提出和使用了"独化"的哲学概念。具体来讲，其一，自然界和万物的生成、变化是一个自然而然的过程，没有什么造物主来创造和支配它们。其二，天地万物之间，并不发生任何联系，每一事物生成和变化是自己独立地突然发生，没有原因，也没有条件。其三，天地万物的存在与变化决定于一种不可抗拒的趋势或必然的决定性，即"命"或"理"。

郭象生活的时代，是中国历史上少有的黑暗时代。

"八王之乱"使洛阳的文明繁荣，像秋后一点嫣红横遭严霜，还没有机会绽开便被兵马踏入泥泞。生活在这个时代的人们，陷入现实与理想日益分裂的深刻矛盾之中。贵无和崇有既是清谈场上的两种观点，也是实际生活中的两种态度。

一些人沉沦了、颓废了，将人的动物性奉为自然真性情，纵情酒色，成为玄学末流，以谢鲲、阮修、胡毋辅等人为代表。一些人如王衍、乐广等身居要职却不忠于职守，逢人便谈虚无，认为"名教中自有乐地"，却不能改造现实。面对这一社会现实，郭象被东海王司马越任为太傅主簿，掌理太傅府事务，参与机要决策，并试图调和名教与自然之间的矛盾。

郭象认为，万事万物，都是本来如此，不可或缺，各自独立，自我满足的，它们自生自灭、自为自得，而这就是"自然"，就是"性"，就是"天"。他笔下的自然是指万物现存的状态，正是它应有的状态；一切现实的，都是合理的。

用这种自然观来观察名教，名教也是自然的。他认为凡君臣上下，尊卑贵贱，仁义礼法，一切现存的政治制度和道德规范，都是理应如

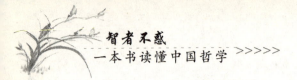

此的自然状态，是"无措于当"的"自当"，不应恐其非人情而多忧，而应任其为自然以居之，如此方能和衷共济，"天下无患"！

郭象对王弼的"贵无"和裴頠的"崇有"作了调和。

王弼在哲学旨趣上与老庄否弃经验世界是一致的，循此路向，在对待自然与名教的关系问题上，王弼"贵无"论表现出了对现实礼法名教的冷漠与反感："上德之人，唯道是用，不德其德，无执无用，故能有德而无不为……凡不能无为而为之者，皆下德也，仁义礼节是也。"这与老子的"大道废有仁义，智慧出有大伪，六亲不和有孝慈，国家昏乱有忠臣"的思想是一致的。如果说王弼开启的这种"非名教""任自然"的玄学精神在其哲学里还是以极其隐晦的方式表达的，那么以嵇康、阮籍为代表的竹林派则以更直截了当的方式指向了名教，明确提出"越名教而任自然"的口号，并在现实生活中"任性自为""非圣无法"，表现了更多的非理性。但是竹林派的喝酒任性、服药炼丹乃至放浪形骸的所谓魏晋风度，固然传达了对礼法名教的极大蔑视，但现实的名教混乱、战争给士族知识分子带来的朝不保夕和人生短促的沉重的压抑感却不是靠药酒的麻醉、"奋袂攘臂、怒目切齿"的愤怒，甚至陶渊明式的逃避所能解决的。于是，更完善、更圆滑的郭象哲学便应运而生了。郭象以其"独化"说回答了困扰玄学家们的本体论问题。

郭象认为，世界万物在本体论意义上既不是王弼所说的从"无"中产生的，也不是裴頠所说的从"有"中产生的。他认为，如果万物是从"无"中产生的，那么绝对的虚无又是怎样把具体的万物造出来的呢？如果万物是从"有"中产生的，那么，有限的"有"又如何能产生无限的万物呢？郭象提出这种针对贵无论和崇有论的诘难后，认为万物的产生不依赖任何派生者，而是"自生""自得"的。这种"自生""自得"的特点是，在时间上是突发的，不经过任何过程。郭象常说的"忽然""块然""掘然"等词即强调这一点；在空间上是各不相关、绝对独立的，这也即是"独化"。

郭象"独化"论在哲学史上的独到之处在于：他通过强调万物的非派生性，而在本论上否定了神造世界的唯心论，也克服了万物来自某种具体的物质元素（如：气、五行、阴阳等）的素朴唯物主义的局限性。从某种意义上说，郭象确认世界是本来就有的、永恒存在的，世界发生发展变化的根本原因在其自身，这有其可取性。但是，郭象由于强调个体的绝对独立而抹杀了事物的普遍联系，又决定了他不可能真正解决世界的本原问题。郭象"独化"论的哲学旨意似乎也不在于讨论世界的本原问题。他的论旨在于通过强调万物的绝对独立性、自足性，而逻辑地得出凡存在的即是合理的结论，从而赋予个体自我以本体意义，这在客观上必然造成对秦汉以来被不断神化了的名教地位的淡化与贬落。

郭象"独化"论虽然不同意王弼的"无"能生"有"观点，但他与王弼通过强调"无"的绝对性、无条件性，"有"的相对性、有条件性而流露出的对名教的漠视的倾向，是一致的。

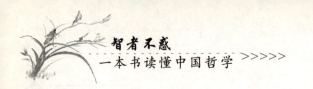

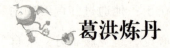
葛洪炼丹

葛洪（284年—364年），字稚川，号抱朴子，著名的道教理论家、炼丹家、医学家，东晋时丹阳句容（今江苏句容市）人。

葛洪从小在贫困环境中成长，他"性寡欲"，不尚交游，"为人木讷，不好荣利"。他年少时即十分好学，"夜辄写书诵习"，由于经济条件差，"躬自伐薪以贸纸笔"。"时或寻书问义，不远数千里崎岖冒涉，期于必得，遂究览典籍，尤好神仙导养之法。"

太安年间（302年—303年），石冰作乱，葛洪担任带兵的都尉，攻打石冰的别部，取胜后升为伏波将军。对于当时鲍敬言的无君无臣论，葛洪给予了批评。在他看来，君主是救民于争乱、拯民于蒙昧、导民至文明的救世主，是无论如何也不能少的。当然他认为君主也必须注重自身的道德修养，以身作则，公平无私，刑德并用，虚己礼下，恤民爱民，严于责己，慎动兵革，赏罚分明而有度，才能天下安宁。这些主张充分显示出儒家思想的气息。

葛洪有一个堂祖父名叫葛玄，吴国时学习道术成了神仙，号称葛仙公。他曾把炼丹秘术传授给弟子郑隐。葛洪跟从郑隐学习，学到了郑隐的全部道术；后来又拜师于南海太守上党鲍玄。鲍玄也是擅长道术的人，能用占法推知未来之事。鲍玄十分器重葛洪，还把女儿嫁给了他。葛洪传承了鲍玄的道业，并且广泛地了解医术，凡是他所撰述的著作，都很精审、准确，而且文辞优美，富于才华。

葛洪认为儒家礼教显而明，道学意境幽而远，他改造原始道教，建立金丹道教。在他看来，"玄"是先于天地万物的，是宇宙世界的本源，它神乎其神，奥妙莫测；进而认为"一"产生了道，所以只要守一存真，就无所不能、无所不达和无所不胜。

在葛洪看来，要想长生，关键在于保护人的形体不受损伤，还必须加强道德修养，积德行善，同时还强调服食金丹的重要性。

葛洪晚年和妻子鲍姑选中广东的罗浮山，在山中修建了都墟（后称冲虚）庵，用石块砌成一座高三米六的丹灶，一心炼丹，直至终老。

在葛洪看来，人的身体就像一个国家，神犹如它的君主，气犹如它的人民。如爱其民则能安其国，善养其气则能全其身。

他还提倡食补和药补。他采念珠藻为食，据今人测定，它含有蛋白质、藻类淀粉、各种糖分等，不但味道鲜美，还有药用价值，可清热收敛，益气明目。这种藻后来被誉为"葛仙米"。他还经常炼些丹药服食，用以祛病健身。

葛洪还提出"养气以不伤为本"，要不被外物诱惑。健身运动，有动有静，宜动静结合。

总之，葛洪相信君权神授和炼丹成仙；他把民间道教改造成代表上层社会追求长生不死成为神仙的道教；他一生刻苦钻研，博览群书，亲自炼丹，积累了很多矿物、动植物和医药学知识，写成许多著作留传后世，其中的《抱朴子》后来被作为道教经典。《抱朴子》分为内

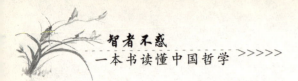

外两篇：外篇主要是对葛洪生平的自述和谈论社会上的各种事情，而内篇是葛洪对道家思想和丹道修炼方法的阐述。《抱朴子》主张在现实社会生活中获得精神解脱和炼得肉体飞升，既做到立时济世，又得以超凡入圣。

当时的人称赞葛洪"博闻深洽，江左绝伦；著述篇章，富于班马（班固、司马迁）"。他与东晋时著名学者干宝交情深厚，干宝向朝廷推荐葛洪"才堪国史"，于是被"选为散骑常侍，领大著作"，但是他固辞不就。

"大和尚"佛图澄

佛教东传，首先进入中国汉地佛文化圈的是一大批从西域而来的高僧大德；其中早期影响较大的莫过于佛图澄和鸠摩罗什。而被后赵石勒尊为"大和尚"的佛图澄，更是打开了北方佛教大兴的局面。

佛图澄是西域人，本姓帛氏。少年时出家学道，能背诵经文数百万言，善解文义。虽然没有读汉地儒学史书，而与诸位学者高士辩论质疑，全能符合理义，没有人能难倒他。他自说，曾两次到罽宾国学法，受诲名师。西域的人都称说他已经得道；在晋怀帝永嘉四年（310

年）来到洛阳，志弘大法。

佛图澄善诵神咒，能役使鬼神。他用麻油掺和胭脂，涂在手掌中，千里之外的事物，全部显现于手掌之中，就如面对一样。不仅他能看到，也能使持戒治斋的人看到。他听见塔铃之声就能断定事情的凶吉，没有一次不灵验的。他本来想在洛阳建寺弘法，但此时正逢刘曜叛乱，帝京动荡。因此，佛图澄在洛阳建寺弘法的大志没有实现。于是他隐居山林草野之地，以观世态的变化。

后来佛图澄来到襄国（今邢台市），奔投石勒部下，出谋划策，辅助石勒称帝，建立赵国。石勒登位后，对佛图澄十分崇敬。有事必先问佛图澄，而后才发令行动。石勒死后，石虎废除其子石弘，自称天王，对佛图澄更加敬奉。他在赵国弘扬佛法，推行道化，所经州郡，建立佛寺，有八百九十三所。追随他的弟子，常有数百，前后门徒，多达万人，而且门徒中高僧辈出。有关他的神异事迹，《高僧传》记录甚多。

由于佛图澄很博学，既精通佛教经典，又会神异功能，使后赵朝野看到了一个神秘幽远的佛国世界，一时间后赵俨然成了佛教之国，他所住的邺宫寺也成为江北佛教中心。不少信徒不远万里投奔他的门下受业，门生达万人之多。弟子中有声望的当推道安、僧朗、法雅、法汰、法和等，他们奔赴全国各地，成为传播佛教的高僧。总之，佛图澄对推动佛教在中国的立足、传播和发展，做出了卓越的贡献。

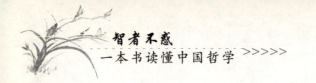

道安创立本无宗

　　道安（312年—385年），是东晋时代杰出的佛教学者。他出生于常山扶柳县（今河北省冀县境）的一个读书人家里。由于世乱，早丧父母，从小就受外兄孔氏的抚养，七岁开始读书，到十五岁的时候，对于五经文义已经相当通达，就转而学习佛法。十八岁出家。因为形貌黑丑，不为他的剃度师所重视，叫他在田地里工作，而他一点没有怨色。几年之后，才向剃度师要佛经读，由于他有惊人的记忆力，使他的师父改变了态度，就送他去受具足戒，还准许他出外任意参学。

　　大约在他二十四岁的时候，在赵国的邺都遇见了佛图澄。佛图澄一见到他就非常赏识，对那些因他丑陋而轻视他的人说，此人有远识，不是你们所能及。因而他就师事佛图澄。

　　据《高僧传》的记载，道安在佛图澄死后才离开邺都，辗转河北、山西、河南等地，和佛图澄的其他弟子一道翻译佛经，弘扬佛法，赢得"漆僧人，惊四邻"的美誉。漆僧人，是指他又黑又瘦。

　　道安到了后燕统治时期，统治者慕容俊不太信佛，加上北方战乱不息，习凿齿从襄阳给道安写信，让他南下弘法。于是道安率慧远等弟子四百余人来到襄阳。

道安到襄阳后，一天习凿齿前来拜望。当时道安正与徒众进食，众人见他进来，赶忙放下食钵，恭立迎接，只有释道安持钵进食，并不理睬。习不愧为名士，从容落座，说道："四海习凿齿。"出口不凡。"弥天释道安。"机锋更健。"四海习凿齿，故故来看尔。"咄咄逼人。"弥天释道安，无暇得相看。"从容不迫。"头上钵有色，钵无头上毛。"近乎技穷。"面有匙上色，匙无面上坳。"以牙还牙。"大鹏从南来，众鸟皆戢翼。何物冻老鸱，腩腩低头食？"恼羞成怒。"微风人幽谷，安能动大材。猛虎当道食，不觉蚤虻来。"游刃有余。习凿齿再无话说。见面礼毕，两人开始谈学论道，从此，时常往还，成为至交。

道安在襄阳一住就是十五年，他一方面注经，一方面讲经，同时还制定新的僧尼规范，包括讲经说法的仪式和方法、昼夜六时的修行吃住规则、每半月一次的说戒忏悔仪式、夏安居期满之日的检举忏悔集会仪式。他认为佛门中再没有比释迦尊贵的，决定以"释"作为僧人的统一姓氏，这增强了僧人间的凝聚力和认同感。

苻坚统一北方后，把道安请到长安。道安住在五重寺中，有徒众数千名，随之弘扬大法。同时又主持翻译佛经，他先后注释了《道行品经》《安般守意经》《阴持人经》《人本欲生经》等，他的注释，解说渊富、妙尽深旨、条理清晰、文义会通。另外，自汉魏以来，佛经典籍日益增多，但翻译者的名姓、时代等都不得而知，道安有鉴于此，便着手收集汇总资料，编纂出了汉译佛经典籍目录，这在我国佛教史上也是首创。

道安认为世界的本性就是空无所有，事物的本末是没有差别的，

有无都是没有寄托的，据此理论，他创建了佛教的本无宗。他生前对鸠摩罗什推崇备至，罗什对他也十分敬重，称其为"东方圣人"。遗憾的是两人无缘见面，道安去世十六年后，鸠摩罗什才来到长安，为不能与他相会而无限感慨。

慧远弘佛

慧远是东晋中后期精通佛教的一代宗师，也是继道安之后中国佛教的领袖。他既具有高度传统文化的修养，又对佛教文化造诣精深，其于当时承负起在中国弘扬佛教的重任。他审时度势，因地制宜，有力地推动了佛教的中国本土化，影响相当深远。

据《高僧传》载，慧远本姓贾，雁门楼烦（今山西宁武）人，生于东晋成帝咸和九年（334年），卒于东晋安帝义熙十二年（416年）。慧远的一生大致分为以下三个阶段：第一阶段，是学习中国传统学术时期，为其出家前学习世俗学问的阶段。第二阶段，是在道安门下学习道安的般若学、禅观和佛教仪规的时期。第三阶段，在庐山的30多年传教时期。东晋太元六年（381年）入庐山，住东林寺弘传佛法，并与国内外佛教界以及当权人士声息相闻，发展教团，使庐山成为东晋后期南方的佛教中心。这一时期也是慧远佛教活动最主要时期。

慧远《法性论》的核心思想是"至极以不变为性，得性以体极为宗"。其中的"至"和"极"指涅槃；"性"指法性，即宇宙万物绝对真实的本性、体性，宇宙的本体、实体；"体"指证悟；"不变"指不生不灭、非有非无的永恒存在状态。慧远认为，涅槃以永恒不变为法性，要得到这种不变的法性，应以证悟涅槃为最高目标。此外，在《大智度论抄》序中慧远认为："无性之性谓之法性，法性无性因缘以生。生缘无自性，虽有而常无。常无绝非有，犹火传而不息。"这里，慧远阐明"有"为世界的最后本性，也就是他的"法性"论。他否定了以有为有和以无为无，承认其非有非无，也就是"无性之性"和"法性无性"。可以说"法性"说是慧远佛教思想的核心。

慧远认为佛教徒分为在家修行的居士和出家修行的沙门两类。在家修行的佛教徒应该遵循名教礼法，敬君奉亲，服从教化。而出家修行的沙门则不同，他们立志追求出世解脱，不顺从世俗教化，与世俗礼教无关；他们的主要任务是化世导俗，是来破除世俗的愚暗，解除众生贪着的妄惑。所以，应高尚其事，而不必服从政治礼法的教化，不需奉行孝敬，尽敬王侯。在《沙门不敬王者论》中，慧远还指出，佛教与儒家名教只是理论形式和实践方法的不同，其根本宗旨是一致的，最终目的是相同的。

慧远为了弘扬佛教，首先提出了"神不灭论"。在他看来，人有衰老病死，形体终会消灭，而精神却是永远长存的。他和桓谭、王充等人同样以薪火喻形神，并肯定薪经过燃烧后成为灰烬，但慧远却将火能从这一木柴传到另一木柴的特性，说成为火是永远不会熄灭的。于是，再转而运用到形神关系上，得出了这样的结论：人的形体是要消

亡的，而人的精神却从此一形体传到另一形体，是永恒不灭的。

慧远把神不灭论运用到佛教轮回观，提出了因果报应论。因果报应论是慧远佛教思想中最有代表性和最有影响力的理论。在我国早期的宗教和迷信思想中就存在善恶报应的思想。慧远把佛教因果报应说加以中国化。他把中国原有的善恶报应思想与印度佛教的轮回观相结合，并把因果报应的显现由现世推及到过去、现在及未来三世，把报应的承受者由子孙后代转变为行为者自身，增强了因果报应说的威慑力，因果报应说便成为中国佛教最有影响力的思想。

为了超越报应，摆脱生死轮回之苦，进入涅槃境界，慧远发愿往生净土，即西方极乐世界，并组织了净土信仰的念佛结社。慧远因此成为中国净土宗的开山之祖。

东晋安帝元兴元年（402年）七月，慧远和弟子一百二十三人在庐山般若台精舍无量寿佛前建斋立誓，期生净土。当慧远等人结社的时候正是东晋灭亡的前夕，众人没有扭转乾坤的能力，只好把希望寄托于未来。慧远发愿往生净土，奉行念佛三昧，在当时的社会背景下对于净土法门在南方的流行起了很大的推动作用。

综上所述，"内通佛理，外善群书"的慧远凭借其对儒、佛、道三教都有精深的理解和真切的体悟以及善于比较和贯通、富有综合创新的精神和能力，在中国佛教由初步流传转为日益兴盛的历史时期，建立了一系列佛学理论，有力地推进了佛教中国化的进程。

寇谦之改造天师道

在葛洪之后，中国北方有一位道教著名人物出现，他就是后来成为十六国北魏之际北方天师道领袖的寇谦之。

寇谦之很早就开始和道教结缘，史称他有绝俗之心，好仙道。他学习张鲁的道术，服食饵药，但是效果很不明显。由于他虔信执着于道教，后来遇上仙人成公兴，便跟随其入华山、嵩山修行，隐居石室，采药服食。

据说寇谦之在嵩山修道七年，其间神瑞二年（415年）太上老君降临嵩山，授天师之位给寇谦之，并赐给《云中音诵新科之诫》二十卷，并让人授予服气导引口诀。泰常八年（423年），又有自称是老子玄孙的李谱文来到嵩山，授予寇谦之《天中三真太文录》，使其能劾召百神，教授弟子；同时还授予《录图真经》六十多卷，讲述坛位、礼拜及衣冠、仪式。

为了适应当时北方鲜卑拓跋氏统治者和汉族门阀地主阶级的需要，寇谦之对北方天师道进行了改革，从其内容到形式都进行了调整革新，创立了新天师道，即北天师道。

寇谦之对北方天师道的改造主要有以下几个方面。

一是整肃戒律，建立道教的行为规范，使之与中国传统文化心理相适应。《魏书·释老志》载："太上老君谓谦之日……吾故来观汝，授汝天师之位，授汝《云中音诵新科之诫》二十卷，号日并进言。吾此经诚自天地开辟以来，不传于世，今道教应出，汝宜吾新科，清整道教，除去三张伪法，租米钱税及男女合气之术。大道清虚，岂有斯事，专以礼度为首。而加以服食毕念。"由此可见其清整道教的新科所包含的主要内容就是"除去三张伪法，租米钱税及男女合气之术"。

二是废除天师、祭酒制。"天师"是天师道领袖的称号。旧天师道的天师一职，是创教者张道陵宣称太上老君授予的，张道陵死后，"天师"一职由他的子孙世代相袭。寇谦之也宣称是由太上老君授予他继天师职位，并且强调自从张道陵去世之后，地上就缺乏天师，他之所以得授此职，乃是由于他本人立身直理，行为合乎自然，才能足以胜任此职。同时寇谦之也按唯贤是授的原则，废除了旧天师道的道官祭酒世袭制。"祭酒"本来是汉末张角黄巾起义和张鲁政权所使用的名称，张鲁在汉中成立政权后，以祭酒代替州官来治理人民，此后祭酒就世代相袭。寇谦之在《老君音诵诫经》中大力攻击这种制度，认为祭酒世袭制难免愚音相传，致使一些不肖之徒担任要职，有些道官祭酒不懂道法，却又自署治祭符契，利用它们恐吓或欺骗信众，搜刮民财。

三是整顿健全组织。针对道教组织的散乱，寇谦之对道教队伍进行了清理，对于原来信奉五斗米道的徒众，只要他们奉顺新科戒律，仍然可称为新道的成员。奉法有功者，照样可以得到奖励，相反，不闲教化者，则将予以清除。对于新求入道的人，则要进行一段时间的考察，然后决定接纳其入道否。由此可见，寇谦之整顿后的天师道已经不是原来意义上的天师道，而是按其新法建立起来的新道教了。

四是充实旧天师道的教义。早期五斗米道以老子为教祖，以《道德经》为主要经典，其教义主要是以道家的清静无为、少思寡欲、诚信不欺等为内容。寇谦之在道教改革中将儒家的礼法、佛教的因果报应、法缘轮转等引入道教，吸收神仙道教的仙道思想，进一步充实了旧天师道的教义。因此，寇谦之改革后的天师道实际上是以道为主，兼容儒、释思想的新产物。

寇谦之改革意义重大，主要表现在以下几个方面。

一是新天师道从民间走向官方，成为北魏政权的国教，使道教在历史上第一次得到统治阶级的重用。早在曹魏时期，统治阶级中就有少数人信奉道教，至西晋时期，道教在统治阶级中的传播已经比较广泛了。但是道教被最高统治者所推崇，在历史上是始于寇谦之改革后的新天师道。寇谦之的道教改革，使新天师道在组织制度、教义教规等方面迎合了统治阶级的利益，成了为统治阶级服务的工具，与旧天师道存在本质的区别。

二是促进了北魏政权的汉化。寇谦之改革后的道教所建立的新的教义、教仪、教规都是适应统治阶级利益需要的，而且还确立了国君在道教中的最高地位，这对太武帝巩固其建立的政权是有积极作用的。寇谦之的新道教要求道民守法尊君，"不得叛逆君王。谋害国家"。这种本土文化对百姓的教化，正是入主中原的少数民族政权维护其统治所求之不得的。

三是推动了儒释道三教融合。寇谦之建立的新道教融合了儒释道三家的思想，并且以符合统治阶级利益的伦理思想来改造充实天师道

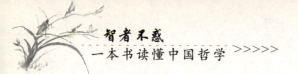

的教规教义，是汉民族文化的重要一支。因此，新道教在北朝的传播同时也是汉民族文化在北魏政权中的渗透。寇谦之增订斋醮科仪、严格教规戒律等，均具有极其重大的意义，他在教仪中强调"专以礼度为首"，在教规戒律中大量引用佛教律学形式，都顺应了当时儒佛道三教在论争中相互融合的趋势。

寇谦之不仅从内部改造天师道，完善其理论体系，来提高天师道自身的发展需要，而且还为天师道的发展寻求外力支援。虽然新天师道从建立、发展到湮灭，不过百余年，但寇谦之及其天师道改革始终是道教发展史上的一个重要阶段。

范缜的"神灭论"

南朝齐、梁时期，很多大官僚都崇信佛。他们提倡信佛，到处宣扬因果报应。但是也有人并不这样，他们自己不信佛，而且敢于同佛教作坚决的斗争，其中最著名的代表人物就是范缜。

南齐的宰相竟陵王萧子良是一个笃信佛教的信徒。他邀请一些僧人在建康郊外的鸡笼山别墅讲经论道，宣扬灵魂不死、因果报应的歪理邪说。范缜认为这些说法十分荒谬，叫人们不要相信它。

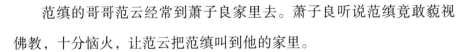

范缜的哥哥范云经常到萧子良家里去。萧子良听说范缜竟敢藐视佛教，十分恼火，让范云把范缜叫到他的家里。

萧子良很严厉地问范缜："既然你不相信转世轮回的因果报应，那你说说，为什么有的人生下来就富贵，有的人生下来就贫贱呢？"

范缜从容地回答说："很简单，人好比树上的花瓣，经风一吹，有的掠过窗帘，落在坐席上面，有的吹到篱笆外，落在了茅坑里。"

萧子良一下子没明白是什么意思。范缜接着又说："落在坐席上的就像您，落在茅坑里的就像我。富贵、贫贱本来是这么一回事，哪里有什么因果报应呢？"

范缜针对佛教的"神不灭论"，专门写了一篇《神灭论》，认为形神不可分，形是神之质，神是形之用。文章里说："形体是精神存在的根本，精神依赖于形体而存在。形体和精神的关系，好比刀刃和锋利的关系，没有刀刃就谈不上锋利；同样，没有形体，哪里能谈得上所谓精神呢？"范缜还认为，人死后灵魂就消失了，什么因果报应、轮回转世，都是骗人的鬼话。文章采取一问一答的形式展开对主题的论述，比喻生动，说服力颇强。《神灭论》在当时引起轰动，是中国哲学史上一部里程碑式的重要作品。

这篇文章一传开，那些佛教信徒都对范缜恨得咬牙切齿。他们气急败坏地找来了一些高僧和范缜辩论。范缜坚持真理，据理力争，那些高僧一个个都败下阵来。

有个佛教徒王琰见实在无计可施，便讽刺范缜说："唉！范先生啊，您不信神灵，那您就连祖先的神灵在哪儿也不知道了。"

范缜针锋相对地嘲笑王琰说："可惜啊，王先生，您既然知道祖先的神灵在哪儿，为什么还不早点去找他们呢？"王琰被气得目瞪口呆。

萧子良怕范缜的影响过大，会动摇佛教徒的信仰，于是派了一个亲信去劝说范缜道："宰相十分赏识有才能的人，如果您肯收回出格的言论，凭您的才能，肯定能做个中书郎。"

范缜听了哈哈大笑，说："如果我肯放弃自己的观点去求官，做个比中书郎大得多的官也不在话下，更何况是一个小小的中书郎呢？"萧子良实在拿范缜没有办法，只好装聋作哑，不再理会这件事了。

后来梁武帝萧衍夺取了齐朝的政权，宣布佛教为国教，并亲自写了一篇《敕答臣下神灭论》的诏书，指责范缜"离经叛道"，还组织王公贵族高僧等六十多人写文章批驳《无神论》，但都没能够驳倒范缜的理论。梁武帝恼羞成怒，下诏书不许范缜再发表议论，并把他流放到广州。

千百年过去了，反驳范缜的文章早已被人遗忘，但范缜的《神灭论》却一直保存到今天。

第十一章

隋唐五代：三教合一

　　自两汉至隋代以前，在意识形态领域占统治地位的一直是儒家学说，即以董仲舒为代表的天人感应论和谶纬迷信。儒家学说在汉代被经典化之后，儒家学者都只是对儒家经典进行章句的诠释，而未敢有所发挥，一度造成儒学日益陈旧僵化的局面。直至隋朝获得了短暂的大一统之后，隋末大儒王通举起了复兴儒学的大旗。韩愈一生以复兴儒学以己任，反对佞佛之风，是汉唐儒学向宋明儒学转折时期的一个十分关键的人物。

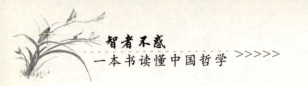

王通主张"三教合一"

　　佛教自两汉时期传入中国，在南北朝时期迅速壮大，改变了儒家思想一家独大的局面，一度形成了儒、释、道三教并立的态势。直至隋朝获得了短暂的大一统之后，隋末大儒王通举起了复兴儒学的大旗，提出了"三教可一"的思想，努力实现儒、释、道三家的相互圆融。

　　王通（580年—617年），字仲淹，隋末大儒，自幼受家学熏陶，18岁时游历访学，刻苦读书，后考中秀才，西游长安，遂向隋文帝奏《太平十二策》，主张尊王道，推霸略，稽古验今，运天下于指掌。他深受隋文帝的欣赏，但最终却未被采纳；此后便归隐乡里，开始了续述《六经》和传道授业的生活。其续《六经》的目的在于"服先人之义，稽仲尼之心。天人之事，帝王之道，昭昭乎"。死后被门人私谥为"文中子"。

　　自两汉至隋代以前，在意识形态领域占统治地位的一直是儒家学说，即以董仲舒为代表的天人感应论和谶纬迷信。儒家学说在汉代被经典化之后，儒家学者都只是对儒家经典进行章句的诠释，而未敢有所发挥，一度造成儒学日益陈旧僵化的局面。直至隋朝获得了短暂的大一统之后，隋末大儒王通举起了复兴儒学的大旗。

然而，魏晋玄学兴盛与南北朝佛学盛行，使得儒家学说日渐式微。即便如此，儒家学说在中国古代思想史上也一直占据着统治地位，统治者深知要想维护自己的统治秩序，必须要有统一的思想，儒家学说以忠孝为核心，把三纲五常视为不可动摇的伦常秩序，以修身为基础，而后齐家、治国、平天下，这一学说最适应当时统治者的需求。南北朝时期，佛教迅速发展壮大，玄学与佛学相互影响，或以玄学义理阐发佛学经典，或以佛学义理阐发玄学命题，玄学、佛学与儒学大有分庭抗礼之势。佛教作为外来宗教，宣扬出世思想，要想在中国立有一席之地，必须要迎合本土的儒家学说，而儒家学说为了改善自身的弊端，使其重新焕发出生命活力，也在不断地吸纳佛教的精华。在某种程度上，儒、释、道三家思想既互相冲突，又互相借鉴，融合成为历史的必然。

佛教作为外来宗教，有其产生发展的社会历史和文化背景。在王通看来，佛教也存在许多理论上的缺陷，比如，佛教宣扬不敬王者、不孝父母、不养妻子、不蓄头发、不事农桑、不纳赋税等思想违背了中国传统的伦理道德，不利于社会的发展，因此佛教在中国要取得统治地位是不现实的。王通的《中说·周公篇》有载："或问佛，子曰：'圣人也。'曰：'其教如何？'曰：'西方之教也，中国则泥，轩车不可以适越，冠冕不可以之胡，古之道也。'"王通把佛教在中国的情形做了形象的比喻：它就像轩车不可畅行于越地，而冠冕不适合西方人穿戴一样，这是古之常理。在王通眼中，任何思想都有其产生的特殊的社会历史背景，佛教可能适合西方国家，却不是放之四海而皆准的。

对于道教，王通在《中说·礼乐篇》中这样写道："或问长生神仙

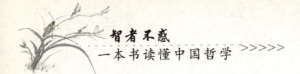

之道，子曰：仁义不修，孝悌不立，奚为长生？甚矣，人之无厌也。"这就是说，有人问长生不老，成仙成神的办法，王通这样回答：不修仁义，不树立孝道的风气，得到长生又能怎么样？人太贪得无厌了。王通认为，道教所谓的长生神仙之道都是欺骗人的，是人们贪得无厌的表现。他指出，人存在的意义不在于肉体生命的长短，而在于它是否合乎道德，如果为了获得长生而弃仁义、孝悌于不顾，那也仅仅是保留了一具如行尸走肉般的躯体，没有任何意义，而且会阻碍社会的发展。只有通过"修仁义，立孝悌"来践行道德，才能得到真正的长生。由此可见，王通是用传统儒学的价值判断来批判佛、道教之学说的。

王通此时深感政出多门对于大一统的政局不利，而历史事实证明，对于佛教、道教采取强制手段毁灭的办法是行不通的。"程元曰：'三教何如？'子曰：'政恶多门久矣。'曰：'废之何如？'子曰：'非尔所及也。'真君、建德之事适足推波助澜、纵风止燎尔。"北魏太武帝和北周武帝这两位皇帝都曾采取暴力手段灭佛，但并未达到毁灭佛教徒信仰的效果。他们一死，下一位皇帝又极力地推崇佛教。以此为鉴，王通认为采取强制手段灭佛，只能是适得其反，遂提出了"三教可一"。

王通虽然推崇传统儒学，但他并不认为唯有传统儒学一家独大，而是认为儒、佛、道三家可以融合到一，在三教相互依存的前提下，各取所长，传统儒学吸取佛教的思辨哲学，以此来增强传统儒学的思辨性，保持儒学的正统地位。

孔颖达与《五经正义》

唐太宗统一全国后，崇尚儒学，提倡经学。他有感于经籍去圣久远，文字讹谬，学出多门，章句繁杂，令颜师古考订五经文字，编成《五经定本》，又诏国子祭酒孔孔颖达等撰定新的五经义疏，统称《五经正义》。经历了几百年的衰颓，儒学的正统地位重新确立。

孔颖达出身官宦人家，自幼受到传统的儒学教育，曾从时之名儒刘焯问学，以精通五经称于世，对南北朝经学之"南学""北学"均有颇深造诣。尤明《左传》、郑玄注《尚书》《毛诗》《礼记》和王弼注《易》，兼善历算、能属文。隋炀帝大业初年，举明经高第，授河内郡博士。隋炀帝时，召诸儒官于东都互相讨论学问，孔颖达水平最高，因此险遭嫉妒者暗杀。隋末农民起义时，避居虎牢。入唐后，被李世民聘为秦王府文学馆学士，成为李世民智囊团中重要人物，是著名的"十八学士"之一；历任国子博士、国子司业、国子监祭酒等职；曾助魏征撰写《隋书》，参与修订"五礼"。

所谓"正义"，即对五经传注作疏解，其体例大体上是一致的。先用"正义曰"标目，以总括章节经文义旨，然后各随经文解释，以阐发义理。再用"注某某""注某某至某某"等标志，对注文进行具体的诠

释。在诠释经注的同时，或辨章句异同，或解释词语，或考证名物礼制，或讲明语法修辞等。这样，综合古今，考订异说，定于一尊，以其义旨符合唐王朝的封建统治需要。《五经正义》所取注疏是：

《周易正义》十四卷：主王弼注，其中《系辞》取晋人韩康伯注；

《尚书正义》二十卷：主孔安国《传》（即伪《孔传》）；

《毛诗正义》四十卷：主毛公《传》、郑玄《笺》；

《礼记正义》七十卷：主郑玄《注》；

《春秋左传正义》三十六卷：主杜预《集注》。

孔颖达等奉敕编撰的《五经正义》，是用颜师古的"五经定本"为底本，以"览古人之传记，质近代之异同，存其是而去其非，削其繁而增其简"为原则，采用了传统经学的训诂、注释、义疏等方法，将汉、魏以来的诸家经说加以系统的整理，并编撰成书。其长处在于克服了以前"师说多门"的弊病，能够达到统一的目的；而其缺点也是很明显的，那就是疏文杂出众手，彼此间颇多相异之处，因此仍然显得比较繁杂。后来孔颖达又作了修订，这一繁重的工作直到他去世也没有完成。

永徽四年（653 年）三月，书成，仍以孔颖达署名，正式颁行天下，作为钦定的全国性的教科书。《五经正义》的颁行，一扫了东汉以来纷纭矛盾的儒经师说。如今古文学之争、郑王学之争、南北学之争等，这些各行其是的学术宗派从此失势，它们之间的争论也就不劝自息，经学的汉学系统至唐初而得以统一。这可以说是大大有助于统治思想统一的举措。有唐一代，《五经正义》以五种单行本，分别流传于世，且五种《正义》与它们所依据的注本也是分开的。此后一直沿至宋代，明经科取士，试题与经义皆以此为标准。南宋合刻《十三经注

疏》时，才开始把《五经正义》及旧注汇合一起。今通行本的《十三经注疏》中之"五经疏"，即取之孔颖达的《五经正义》，因此，《五经正义》对中国封建社会后半期的思想学术和文化，具有极其重大的影响。

玄奘求法

玄奘（602年—664年），中国佛教史上最博学的翻译家，法相宗创始人；因精通佛教经、律、论三藏而被尊称为"三藏法师"，俗称"唐三藏"。他是中国知名度最高的和尚，人称"唐僧"。

玄奘俗姓陈，河南人。幼年因家贫随兄住洛阳净土寺，十三岁正式出家，二十三岁在成都受具足戒，研究佛教经论。由于深感当时诸家师说不一，甚至经典也互有出入，于是萌生了到佛祖的家乡印度留学的念头。他先向朝廷申请，说是欲继东晋名僧法显西行求法的故事，前往印度取经，但未获批准。公元629年，长安一带发生严重饥荒，朝廷允许僧俗四出自行谋生。玄奘乘此机会偷越国境，涉流沙，过雪山，历经千辛万苦，九死一生，终于来到当时印度佛教的最高学府那烂陀寺，从戒贤大师学法。不久，玄奘就名声大振，仅次于戒贤。当

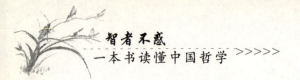

时，在那烂陀寺有僧众四千多人，加上客居及求学的僧俗，总数超过万人，但精通五十部经论的"三藏法师"只有十人，玄奘便是其中之一。五年后，玄奘遍游印度数十国。戒日王（北印度国王，诗人）特为他在京城设"无遮大会"（一种以布施为中心的法会），到会的有印度的十八个国王及僧俗数十万人，盛况空前。玄奘登坛宣讲大乘教义，获得极大成功。据说，他曾将所著之论书写在场门，并按当时惯例表示，若有能破一偈者，他就"截舌而谢之"。但经十八天会终，竟无一人能提出改动一字。从此，玄奘便成为全印度最著名的佛教大师之一。

公元 645 年，玄奘婉谢印度国王和僧俗的一再挽留，带着六百五十多部佛经，回到阔别了十七年的长安。玄奘西行取经的壮举，轰动了朝野，唐太宗当即召见了他，特行嘉奖。此后二十年间，玄奘都在长安大慈恩寺埋头翻译他所带回的梵语佛经，前后共译出七十五部，数量之多，译艺之精，不但前无古人，也后无来者，在中国佛教翻译史上堪称巨匠。全国各地以及朝鲜、日本等国的僧人都慕名前来求学，长安也就成了当时亚洲佛教的中心。在弟子窥基的协助下，玄奘还根据印度瑜伽行派的思想理论，创立了法相唯识宗。

玄奘引进的教义，都是印度"原版"，正因为如此，有许多并不符合中国国情，所以三传就告沉寂。但是，玄奘孤行十七载、身行五万里、历经百余国的富有传奇色彩的故事，却在民间慢慢流传开来，而且越传越神，最后的结果就是世界文学宝库中又增加了一部名叫《西游记》的神话小说。

禅宗的极盛

　　禅是静中思虑的意思，一般叫作禅定；又因以参究的方法，彻见心性的本源为主旨，亦称佛心宗。

　　相传中国禅为菩提达摩创立。达摩于北魏末年首先活动于洛阳（今河南洛阳市），后来来到嵩山（今河南登封市）少林寺，面壁九年修持佛法，修习禅定，倡二入四行之禅修原则，以《楞伽经》授徒，后世以达摩为中国禅宗初祖，以嵩山少林寺为禅宗祖庭；嵩山少林寺有"天下第一名刹"之称。达摩在少林寺有嗣法弟子慧可、道育等，僧璨为再传。璨弟子为道信。信弟子弘忍立东山法门，为禅宗五祖。门下分赴两京弘法，名重一时。其中有神秀、慧能二人分立北宗渐门与南宗顿门。神秀住荆州玉泉寺，晚年入京，为三帝国师，弟子有嵩山普寂、终南山义福；慧能居韶州曹溪宝林寺，门下甚众，以慧能为六祖。时称"南能北秀"。

　　北宗主张"拂尘看净"的渐修，数传后即衰微。南宗传承很广，成为禅宗正统。六祖慧能主张教外别传、不立文字，提倡心性本净、佛性本有、直指人心、见性成佛。这是世界佛教史尤其是中国佛教史

上的一次重大改革。慧能以后，禅宗广为流传，于唐末五代时达于极盛。禅宗使中国佛教发展到了顶峰，对中国古文化的发展具有重大影响。南宗以《楞伽经》《金刚经》《大乘起信论》为主要教义根据，代表作为《六祖坛经》。

禅宗佛学特点在于其高度的理性化，几乎完全没有神学气息。禅宗修持以定慧一体为特色。禅宗强调心性的运用，以明心见性为宗旨，对中国文化有深远影响。

禅宗认为从众生到佛的转化就在一念之间，转化的形式就是"悟"或"顿悟"。慧能说"前念迷即凡，后念悟即佛"，"一念若悟，即众生是佛"。神会认为悟就是"一念相应，便成正觉"，它"不由阶渐"，顿时完成，所以称为"顿悟"。

为什么一念顿悟就等于觉悟成佛了呢？因为顿悟就意味着整个人心发生了质变。慧能说："一念善，智慧即生。一灯能除千年暗，一智能灭万年愚。"就是说只要一灯明亮就打破了黑暗的状态，只要一念觉悟就灭除了迷妄的心情。神会认为觉悟解脱不是点滴积累、逐步实现的量变过程，而是人心整体的质变，这就好比斩断丝线一样，不是一根一根地切断，而是把所有的丝线合为一股，一刀全部斩断。马祖道一的弟子大珠慧海认为顿悟的当时不可以解脱成佛，因为觉悟的一念就好比刚刚出生的狮子，它虽然体形微小，但它毕竟是狮子的品种；执迷不悟就好比野干（一种体形似狐的小动物），即使它整天追随狮子，也不属狮子的品种。

在禅宗看来，解脱与否并不在于觉悟的多少，而在于有没有觉悟；现实的人心要么觉悟，要么执迷，觉即解脱，迷即被缚，两者的性质截然不同，它们之间并没有中间状态或过渡环节。因此，即使是一念觉悟，人心的整个品质也属于佛；即使是一念迷执，人心的整个品质也属于众生。所以顿悟成佛的境界就意味着人心发生了质的变化。

慧能受钵

禅宗六祖慧能（638年—717年），出身于没落的官僚家庭，他的父亲在他幼小的时候，被贬谪岭南，家境遂落，不久而殁。慧能本人目不识丁，二十四岁前一直在广东岭南山区砍柴，供养老母，生活贫苦。

一天，他在集市卖柴，听见有人诵佛经典籍《金刚般若经》，颇有感悟，便前问念经人读的是什么经，从什么人那里得来。那人告诉他："这是《金刚般若经》，乃湖北黄梅双峰山弘忍法师所传。"自此，慧能寻师学佛。他告辞老母，背上简单的行李，独上双峰山，果然遇到弘忍。

起初，弘忍瞧不起他这位粗俗的山林樵夫，态度十分冷淡，问："你是何人，来此见我欲求何事？"慧能答道："弟子岭南人，今远道求见，无他也，乃求成佛之理。"弘忍训斥道："你为岭南穷乡僻壤的蛮人，有何资格成佛？"慧能从容回答："人有南方北方之别，而佛性则不分南北。我虽岭南蛮人，同你尊贵的法师身份不同，但你我佛性

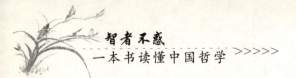

何别？"弘忍听了十分震惊，未料这位乡下人对佛理有如此深刻的领悟，于是留下他当行者，让他在寺院中打柴、推磨、做粗活。虽然慧能未有学习佛教经典的机会，但他生性聪颖，经常偷听和尚们念经，很快能领悟，逐渐得到弘忍的赏识。

有一天，弘忍把弟子们召集到面前，当众宣布让每人写一首偈，说明自己对佛理的认识。谁能真正领悟佛理真谛，袈裟和佛法就授予谁，并让他当第六代祖。

当时弘忍门下有上首弟子神秀，名声显赫。他很快就作出一偈，准备呈给师父，但走到师父住舍堂前，心里又犹豫起来。这天深夜，他端着灯，悄悄地把偈写在南廊壁间。偈中写道：身是菩提树，心如明镜台；时时勤拂拭，勿使惹尘埃。

慧能听了神秀的偈子，知道神秀尚未体悟"空性"，于是念了一首偈，由他人代为写在墙壁上。偈子为："菩提本无树，明镜亦非台。本来无一物，何处惹尘埃？"此偈刚写完，很多和尚都围过来观看，都很惊讶，议论说："奇怪啊！想不到像他这样做苦役的人竟有如此修行？真不可以貌取人！"弘忍见众人如此惊怪，恐怕有人从中暗害，立即用鞋擦掉慧能的偈，故意说："亦未见本性啊！"

第二天，弘忍悄悄来到舂米房，看见慧能腰上背着石正在舂米，便自言自语说："求道的人为了佛法而忘记肉身，应当这样吗？"接着就问："米舂好了吗？"

慧能答："早就舂好了，还没有筛罢了。"弘忍用禅杖敲击礁三下而离去。

夜晚三更时候，慧能偷偷来到弘忍处。弘忍用袈裟把窗户遮围住，为慧能解说《金刚经》，说："一切事物无自性，皆从心生，如果觉悟到真实本性，心就是无所住着了。"慧能听了很有启发，领悟到佛理的真髓："一切事物都不离本性。"弘忍看到他已经真正领悟，就对他说："不识本心，学法无益；若识本心，见自本性，即名丈夫、天人师、佛。"接着便把禅法和衣钵秘授给慧能，说："你为第六代祖。"还嘱他立即下山回南方隐居，待弘忍死后再继承与发展禅宗的事业。

此后，慧能一直坚守师嘱，混于众，不动声色。十六年后，弘忍去世，他才出示隐藏多年的法衣，亮明自己的身份，正式落发出家，成为禅宗的首领，在曹溪宝林寺讲法二十余年。

《坛经》是六祖慧能的思想精髓，同时也是禅宗历代传法、立宗的根本之作。《坛经》对成佛、净土、禅定、持戒等佛教概念做了全新的解释，认为菩提妙理就在世间，西方净土就在当下，修行没必要躲进远离人间的禅院，也不需要高深的知识，成佛之路就是回归内心的过程。只要心灵开悟，人人都可以成佛。

韩愈的"道统论"

韩愈（768年—824年），字退之，河南河阳（今河南孟县西）人，世称韩昌黎。他一生以复兴儒学为己任，反对佞佛之风，是汉唐儒学

向宋明儒学转折时期的一个十分关键的人物。

韩愈出生于一个普通的官僚家庭，三岁时父母双亡，就养于其兄韩会家，由嫂郑氏抚养，后其兄亦亡故，全依寡嫂抚养成人。孤独的童年生活和富有文学气氛的家庭环境，培养了韩愈刻苦奋斗和富于开拓的精神。他自幼勤奋好学，自谓："性本好文学，因困厄悲愁，无所告语，遂得穷究于经、传、史记、百家之说，沉潜乎训义，反复乎句读，砻磨乎事业，而奋发乎文章。"在崇尚古文和尊奉儒学两方面，"欲自振于一代"。唐德宗贞元八年（792年），他考中进士，后任监察御史、国子博士、刑部侍郎等职，因谏阻唐宪宗迎"佛骨"而被贬为潮州刺史。

自魏晋南北朝以来，儒学在佛、道二教的挑战下日趋衰微。韩愈一生，即以复兴儒学为己任，因此他在中国儒学发展史上起到了重要作用。

他最先提出了儒家的"道统论"。孟子曾根据"五百年必有王者兴"的原则，在其书的最后一章中提出了一个从尧、舜至孔子的传授渊源系统，并以"当今之世，舍我其谁也"的气概自续这个渊源系统。韩愈接过了这一话题，进而提出儒家的"道统"："尧以是传之舜，舜以是传之禹，禹以是传之汤，汤以是传之文、武、周公，周公传之孔子，孔子传之孟轲。轲之死，不得其传焉。"

在韩愈看来，"道统"自孟子以后就失传了，其原因在于荀子和扬雄这些大儒"择焉而不精，语焉而不详"，再加上秦始皇"焚书坑儒"的破坏和汉儒对"大义"的不明。于是，他便以继承"道统"自任："释老之害，过于杨墨；韩愈之贤，不及孟子。"孟子不能救之于未亡之前，而韩愈乃欲全之于已坏之后。韩愈的"道统论"，为后来的宋儒全盘接受。

韩愈是唐代以排佛、道著称的儒家学者,他不惜得罪皇帝而公然"谏迎佛骨",又撰写了名篇《原道》以辟佛、道二教。韩愈的排佛、道思想,继承了不少前人已有的说法,诸如夷夏之辨、浮图害政、桑门蠹俗之类。但是,韩愈也提出了一些新的思想内容,如构建起儒家的"道统"以与佛教的"法统"相抗衡;阐明儒家以"仁义"为目标的"道德"与佛、道二教所言的"道德"在本质上之差异;拈出《礼记》中一向不为人所重视的《大学》一篇,把儒家"正心诚意"的"内圣之学"与"修齐治平"的"外王之道"相结合的"治心"作为批判佛教舍离"此世"讲"治心"的思想武器。这些新的思想内容,均为后来的理学家所吸收并发挥。

尊师重教,这是儒家的传统,孔子、孟子、荀子都是大教育家。两汉经学昌明,博士讲学之风极盛,师道不堕。降及魏晋乱世,此风始坏,这与当时的政治分裂、战争频仍、士家大族等有相当关系。隋唐时期"师道"仍然不兴,韩愈作《师说》《进学解》,抨击当时不重师道的现状,提出"师"的标准应该具有"传道、授业、解惑"三方面的职能;也不应以地位、资历、贵贱、长幼来确定"师";认为"弟子不必不如师,师不必贤于弟子"。韩愈在具体的教育实践中还提出了不少具有真知灼见的名言佳句,如"业精于勤,荒于嬉;行成于思,毁于随"等。宋代开始,中国的教育事业有很大发展,与韩愈提倡儒家"师道"也有一定关系。

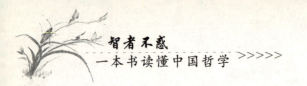

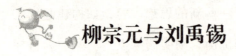
柳宗元与刘禹锡

柳宗元，唐代文学家、哲学家，唐宋八大家之一，字子厚，祖籍河东（今山西永济），后迁长安（今陕西西安），世称柳河东；因做柳州刺史，又称"柳柳州"。他与韩愈共同倡导唐代古文运动，并称韩柳。

柳宗元出身官宦家庭，小的时候就很有才名，并且有大志向。但在早年的时候，为了考取进士，他的文章单纯追求辞藻的华丽。贞元九年（793 年）中进士，十四年登博学鸿词科，授集贤殿正字。由于宦官专权，藩镇割据，土地兼并越来越严重，农民和地主的矛盾日益尖锐，统治阶级内部的斗争也十分激烈。唐顺宗永贞元年（805 年），以王叔文为首的一些人执政，企图进行某些政治改革，柳宗元也参与了这次活动。王叔文等人推行削夺宦官的权力，反对藩镇割据，免除部分苛捐杂税等具有进步意义的政策。但是，同年 8 月，唐宪宗李纯继位后，改革失败了。王叔文被杀，柳宗元等人也被贬谪到僻远的地区。柳宗元被贬为永州司马，十年后，调为柳州刺史，后来在柳州去世。

柳宗元写过不少批判各种落后思想的文章，具有反对地方割据，主张中央集权等进步的政治、历史观点。他还是一个无神论者，曾写了《天对》《天说》等有名的论文，对唯心主义的"天命观"进行了批判，并且否认封建帝王"受命于天"的谬论。

在文学上，柳宗元和韩愈一起提倡散文革新运动。他认为作文应该"辞令褒贬"，"导扬讽谕"，赞成什么，反对什么，旗帜鲜明。他反对南北朝以来骈体文的华而不实的颓靡文风，主张文章必须有充实的内容、朴素的形式和生动的语言。他写了不少优秀的杂文和寓言，对统治者的残暴做了尖锐深刻的揭露和讽刺。他的游记也极其有名，不仅写景生动，而且常在写景中表达自己内心的不平。

柳宗元重视文章的内容，主张文以明道，认为"道"应于国于民有利，切实可行。他注重文学的社会功能，强调文须有益于世。他提倡思想内容与艺术形式的完美结合，指出写作必须持认真严肃的态度，强调作家道德修养的重要性。他推崇先秦两汉文章，提出要向儒家经典及《庄子》《老子》《离骚》《史记》等学习借鉴，博观约取，以为我用，但又不能厚古薄今。在诗歌理论方面，他继承了刘勰标举"比兴"和陈子昂提倡"兴寄"的传统，与白居易《与元九书》中关于讽喻诗的主张一致。他的诗文理论，代表着当时文学运动的进步倾向。

刘禹锡（772年—842年），字梦得，洛阳人，祖籍中山（今河北定县）。安史之乱后，父刘绪迁居南方，刘禹锡是在苏州诞生和长大的。他出身于官僚地主家庭，唐德宗时中进士，做过监察御史，屯田地员外郎。刘禹锡是王叔文政治集团的重要人物之一。这个集团主张限制贵族大地主的兼并，加强中央集权，进行政治改革。唐宪宗即位后，在藩镇、宦官及腐朽官僚们的反扑下，改革失败，王叔文被杀，王伾病死。刘禹锡与柳宗元等八人被贬到远州作司马。刘禹锡先被贬为朗州（治所在今湖南常德）司马，十年后改为连州（治所在今广东

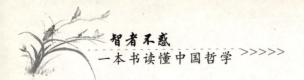

连县）刺史。穆宗以后，调任夔州（治所在今四川奉节县境）、和州（治所在今安徽和县）、苏州等州刺史。晚年回长安任集贤殿学士，后回洛阳任太子宾客，最后官至检校礼部尚书。

柳宗元和刘禹锡是同时代人，他们的自然观基本一致，关于自然观的理论集中表现在柳宗元的《天说》《答刘禹锡〈天论〉书》《天对》和刘禹锡的《天论》上、中、下三篇中。他们在与韩愈所宣扬的天命观以及佛道有神论的斗争中，发展了中国古代的唯物主义自然观。

柳宗元在王充元气说的基础上，论证了宇宙是由元气形成的，宇宙是无限的，不存在任何有意志的主宰宇宙的东西，不存在造物主。他认为在初始的混沌状态中，只有元气在运动、发展、变化着，阴阳和天都是由元气派生的，物质世界的运动变化是由于阴阳二气的对立统一、交叉渗透和运动变化的结果。阴阳二气的无穷运动，有合有离，相互吸引、相互排斥，就构成了整个宇宙。柳宗元坚持唯物主义无神论，反对当时盛行的唯心主义有神论。

刘禹锡继承了荀子以来的唯物主义自然观。他以自然科学为根据，补充了柳宗元的自然观。在对自然界的认识方面，刘禹锡认为整个自然界充满了有形的物质实体，天地之内不存在无形的东西。他批驳了魏晋玄学和佛教、道教关于"空""无"是宇宙本原的理论，认为"空"是一种特殊的物质形态，"空"不能超越物质形体而独立存在。这是对中国古代唯物主义自然观的重大发展。

在关于宇宙万物的生成和发展方面，他认为万物的生长、发展是一种自然过程，动植物和人类是天地阴阳之气交互作用产生的。他还认为客观世界的发展变化有一定规律，宇宙万物是在互相矛盾和互相依存中无穷地运动发展着的。他据此建立了天人关系学说，指出天地万物各有其不同的职能和作用。自然界的职能在于生长繁殖万物，万物在生杀、壮健、衰老的自然发展过程中遵循强胜弱败的竞争规律；人的职能在于利用自然规律和自然界所提供的物质资料，进行各种生产活动，向自然界谋取人们生活的需用品。他认为天不能干预人类社会的"治"或"乱"，人也不能改变自然界的运动规律。他还以科学知识为根据，宣传无神论，批判有神论。

总之，柳宗元和刘禹锡的学说，闪烁着朴素辩证唯物主义的光辉，把中国古代关于自然观的理论提高到了一个新的水平。

第十二章

宋元：理学的繁盛

　　魏晋南北朝至隋唐，是漫长的儒学衰落时期，儒学先是受到玄学的冲击，后是受到佛、道两教的冲击，一直不是思想界的主流。至宋代，儒学才最终迎来了复兴的时代。宋代也是儒学内容得到重大发展的时期，是历史上儒学最重要的转型时期，在此时期形成的理学，成为此后中国哲学的主旋律；儒学再次恢复了独尊的地位。宋以后的中国进入理学的时代。

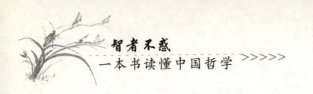

北宋新儒学

经过晚唐和五代的漫长努力，儒家学者不仅迎来了一个太平的时代，也迎来了儒学的复兴。在宋代儒学复兴中，起到先导作用的就是所谓的"宋初三先生"——胡瑗、孙复、石介。他们重新建立了师道尊严的书院制度，并且为形成新一代儒家士大夫群体树立了良好的榜样。他们拒斥了佛道两教的过度泛滥，打击了士人之中的不良风气和粗鄙习俗，将正统儒学教育传播到大宋帝国的各个角落。从他们开始，对形而上学和心性论的兴趣在儒家士大夫群体中不断增长，对现实政治的兴趣与热情也在不断地恢复中。

北宋开始的这一次儒学的转型，不仅是对儒家思想和经典的研究取向、方法的变化，对经典本身也形成了不同于前代的认识。

在儒家的"五经"中，北宋初年的学者们更重视的是《春秋》和《周礼》，因为这两部书的内容与体例，更便于他们从中对儒家的思想进行引申。《孟子》一书，汉代以来一直被归入"子部"，只被认为是后代儒家学者的著作，并不被视为儒家的经典。而自唐代以来，《孟子》的地位越来越高，至北宋末期，逐渐上升为儒家的经典之一，至南宋，更是与《论语》以及自《礼记》一书中抽出来的《中庸》《大学》一起，合称为"四书"。在朱熹作《四书集注》之后，"四书"作为儒家经典的地位最终得以确定，此后，"四书"与传统的"五经"并列，一提到儒家的经典，中国人马上想到的就是"四书五经"。

在此之前，提到儒家时，往往将孔子与其弟子颜回并列，称为"孔颜"，而在此之后，孟子开始与孔子并列，被称为"孔孟"。"孔孟之道"逐渐成为儒家的代名词。

北宋儒学完成转型之后，在方方面面都与此前汉代为代表的儒学形成差异，因此，学术界一般将此前儒家的经学研究称为"汉学"，而将以宋代为代表的对儒学的研究称为"宋学"。此后，汉学与宋学之争，取代了原来的今古文之争，成为儒学内部一种派系斗争。由宋至明，宋学一直是儒学的主流，清代学者则分为汉学、宋学两大壁垒，相互排斥。

属于宋学一派的学者往往攻击汉学"琐屑"，属于汉学一派的学者往往攻击宋学"空疏"，这确实是两派的弊端之所在。汉学的重点在于考据，与思想关系不大，我们姑且置而不论，宋学"空疏"的流弊对中国思想文化乃至古代政治的影响都是极其深远的。

宋学的前提和基础是对此前儒家经学的怀疑和否定，正是这种怀疑和否定的精神使宋代的新儒学具有了解放思想的功能，使儒家学者从对前人注疏的迷信中解放出来，敢于立足于现实，去重新思考儒家思想的真正内涵及其真正的功用，由此才将儒家思想在哲学的意义上向前推进了一大步。但是，也正是这种怀疑和否定的精神，导致宋学中出现了一些不良现象，就是主观和臆断。当怀疑和否定不是建立在

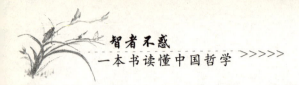

深厚的学识的基础之上时，其流弊就不仅仅是"空疏"了。

对宋代学风的这种弊端，北宋著名历史学家司马光已经有着十分清醒的认识，他批评道："至有读《易》未识卦爻，已谓《十翼》非孔子之言；读《礼》未知篇数，已谓《周官》为战国之书；读《诗》未尽《周南》《召南》，已谓毛、郑为章句之学；读《春秋》未知十二公，已谓'三传'可束之高阁。循守注疏者，谓之腐儒；穿凿臆说者，谓之精义。"司马光对当时学界流弊的指斥可能有过分之嫌，但是，他所说的宋学最终成为"穿凿臆说"，却是一语中的。

宋学的怀疑和否定，开始针对的是汉代以后对儒家经典的注疏，但接下来，很快就指向了汉代以前对儒家经典的解释性著作，如《春秋》的"三传"《左传》《公羊传》《谷梁传》，甚至开始对经典本身持怀疑和否定的态度。正如后人所说的，这种研究取向是"始于疑经，渐至非圣"，就是说，从对经典的怀疑，最终发展到对儒家创始人孔子的非难了。当然，走得如此之远的学者尚属少数。

抛弃了扎实的学养，一味地提倡思想，这样的思想最终也就必然丧失活力，要么因为没有源头活水而流于老生常谈，要么因为刻意求新而陷入穿凿臆说。宋代以后的儒学就是走上了这样一条不归之路。

但在宋代，义理之学"空疏"的毛病表现得还并不十分明显，因为宋代的儒家学者们往往对佛教有着比较深入的研究，可以将佛教思想引入儒学中来。在此基础上，形成了宋代及此后作为儒学主流的理学。

理学，也称道学、宋学、新儒学。从广义上讲，理学泛指以讨论天道性命问题为中心的整个哲学思潮，包括各种不同的学派；从狭义上讲，理学专指以程颢、程颐、朱熹为代表的、以理为最高范畴的学说，即程朱理学。本书都是从广义上使用理学这一概念的。

理学作为儒学的新发展，具有较强的哲学气息，其讨论的核心问题主要包括：本体论问题，即世界的本原问题；心性论问题，即人性的来源和心、性、情的关系问题；认识论问题，即认识的来源和认识方法问题。但在北宋，理学还有着强调"内圣外王"的鲜明特点，很注重"外王"，即在政治方面的实践性。现在有学者认为，北宋王安石变法的失败，对于强调事功的理学家们构成巨大的冲击，因而，进入南宋以后，偏重于探讨心性的理学流派才逐渐成为理学的主流，理学由此越来越趋向于"空疏"的哲学思辨上的讨论。后人曾讥讽理学家是"平时袖手谈心性，临危一死报君王"，确实是宋以后比较真实的写照。

一般认为，理学的起源最早可以上溯至唐朝中后期，但其真正出现却是在北宋前期，在北宋后期得到长足的发展，至南宋达到高峰。明代理学内部虽然存在一些变异，但是明清两代理学因成为科举考试的内容，一直在思想界占据统治地位。至近代新文化运动提出"打倒孔家店"，其所要打倒的实际上是理学，已经与孔子的学说存在着比较大的距离了。

北宋初年，在理学兴起的过程中，胡瑗、孙复、石介发挥了比较大的作用。

胡瑗（993年—1059年），字翼之，江苏泰州海陵人（今江苏如皋），因其家世居安定（今陕西安定），学者称他为安定先生。孙复（997年—1057年），字明复，号富春，晋州平阳人（今山西临汾），隐居泰山，聚徒讲学，学者称他为泰山先生。石介（1005年—1045年），字守道，一字公操，兖州奉符人（今山东泰安），家居徂徕山下，学者称徂徕先生。胡瑗、孙复、石介深受后代理学家的推崇，合称"宋初

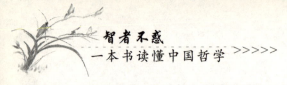

三先生"或"泰山三先生"。

宋初三先生的共同点在于，提倡师道，推行人格教育，恢复先秦儒家的"修己治人之实学"。

宋代是一个非常奇异的时代，一个非常令后世知识分子向往的时代。随着士大夫群体的诞生和政治文化的建立，儒家士大夫的地位变得极其崇高，连皇帝都有与士大夫一同治理天下的认识。欧阳修、范仲淹就是这种处在不断转变之中的儒家士大夫的代表。他们对政治充满热情，企图通过不断的政治改革来实现古老的"王道"理想。同时，他们都有着一种为了天下苍生的使命感和为了一种共同事业的归属感，我们可以在"不以物喜，不以己悲。居庙堂之高则忧其民，处江湖之远则忧其君。""先天下之忧而忧，后天下之乐而乐。""微斯人，吾谁与归？"这样的名句中得到最为深切的体会。

 ## 程朱理学

从北宋中期开始，理学曾出现过众多的派别，从其思想内容上看，最重要的应属程颢、程颐、朱熹为代表的程朱理学，陆九渊、王守仁为代表的陆王心学，张载、王夫之为代表的张王气学，邵雍、朱震为

代表的象数学，王安石为代表的新学和苏洵、苏轼、苏辙父子为代表的蜀学。此外，还有周敦颐的濂学、司马光的朔学等。

最早的新儒家，主要兴趣在于宇宙发生论。第一个讲宇宙发生论的是周敦颐。

周敦颐，今湖南人，历任地方官；二程向他学习过；也曾与王安石有交往。他的著作只有三千多字，言简意赅，宋明理学家们大都由其端发挥。他的《太极图说》只有 260 字。在他以前很久，有些道教人士画了许多神秘的图，以图式描绘秘传之道，他们相信得此秘传的人便可成仙。周敦颐得到了一张这样的图，予以重新解释，并修改成自己设计的图，以表示宇宙演化过程。其实，他是研究和发挥了"易传"的观念，再用道教的图表示出来。他画的图叫"太极图"，作的解释叫《太极图说》：

"自无极而太极。太极动而生阳，动极而静，静而生阴。静极复动，一动一静，互为其根。分阴分阳，两仪立焉。阳变阴合而生水火木金土，五气顺布，四时行焉。五行一阴阳也，阴阳一太极也，太极本无极也。五行之生也，各一其性。无极之真，二（两仪）五（五行）之精，妙合而凝。'乾道成男，坤道成女'二气交感，化生万物，万物生生变化而无穷焉。"

"唯人也得其秀而最灵。形既生矣，神发知矣，五性感动，而善恶分，万事出矣。圣人定之以中正仁义而主静，立人极焉。故圣人'与天地合其德，日月合其明，四时合其序，鬼神合其吉凶'。君子修之吉，小人悖之凶。故曰：'立天之道，曰阴与阳。立地之道，曰柔与刚。立人之道，曰仁与义'。又曰'原始反终，故知死生之说'。大哉易也，斯其至矣！"

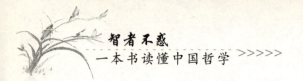

在此，周敦颐把《老子》《周易》中的图式论与儒家的伦理道德思想糅合在一起，为尔后的新儒学在思想观点和方法论上指明了方向。对于世界的本体，周敦颐对以往玄学、佛学的观点进行了检讨，提出"无极而太极""太极本无极"的命题。一方面，无极虽可名为无，但无中涵有，其名为太极，因此无极不是绝对的无；另一方面，太极虽可名之为有，但是有本于无，其名为无极，太极又不是具体的事物。这样，周敦颐把世界的本体规定为实有而非物、本无而不空的绝对性质。

《通书》解释说："动而无静，静而无动，物也；动而无动，静而无静，神也。动而无动，静而无静，非不动不静也。物则不通，神妙万物。"即太极的动静和物的动静不同，它是万物的推动者，所以是神妙万物。

《太极图说》的立脚点是"立人极"：人得宇宙之"分"太极的结果是指向"立"人极。从"无极而太极"始，经过复杂的运动，最后产生出秀而灵的人，特别是众人之秀的"圣人"，他们使"天道行而万物顺，圣德修而万民化"。这个"以仁育万物，以义正万民"的"圣人"，就是代表"太极"来统治社会的。他特别强调，封建社会的等级秩序，也是"阴阳理而后和。君君、臣臣……万物各得其理然后和"。因此，建立符合封建统治的政治原则和道德标准，使人"自易其恶，自至其中"。此所谓"存天理"。因为"欲动情胜"是不可收拾的，只有"主静""慎动"，才能把握住"动而未形有无之间"的"几（苗头）"。此即所谓"灭人欲"。"存天理，灭人欲"是宋明新儒学的最基本命题之一。

佛家最终目的是教人怎样成佛，新儒家的最终目的是教人怎样成为圣人。佛家的佛与儒家的圣人的区别在于：佛必须在社会和人世间之外提高精神修养，圣人则必须在社会关系之内提高精神修养。中国佛学的最重要的发展，是企图降低佛教固有的出世性质。禅宗说"担水砍柴，无非妙道"。说这个话，就是这个企图接近成功了。但他们没有再说下去："事父事君，亦是妙道"。因为这样佛教就不是佛教了。

怎样成为圣人是新儒家的主要问题之一。周敦颐的回答是"主静"，主静就是"无欲"。他的"无欲"与道家和禅宗说的"无为"和"无心"基本是一样的。但他用"无欲"，不用"无为""无心"，表明企图撇开佛教的出世性质。

最初，周敦颐以精于政事著名，不论他担任什么官职，都政绩过人，其学问、思想却影响不大。还是在他任南安军司理参军时，当时任南安通判的程太中却非常钦佩周敦颐的学识，让自己的两个儿子随他学习，这就是后来著名的大学者程颢、程颐兄弟。

程颢、程颐兄弟被后世合称为二程。程氏祖籍河南，因为程氏兄弟的祖父程遹曾任黄陂县令，并在黄陂县去世，其父程珦年幼，无力返乡，就在黄陂住了下来。二程便是在黄陂出生的。

程颢（1032 年—1085 年），字伯淳，人称明道先生。程颐（1033 年—1107 年），字正叔，人称伊川先生。

1057 年，程颢中举成为进士，从此步入仕途，自主簿、县令等地方基层官员做起，有着勤政爱民的美誉，后升任太子中允、权监察御史里千行。在王安石变法期间，程颢对王安石变法提出了自己的看法。他不反对变法，但是对于王安石变法的某些具体内容以及执行变法的官吏进行了严厉的批评。他的主张并没有被宋神宗采纳，程颢也因此遭到冷落，不被重用。于是程颢提出外调，在 1072 年返回洛阳侍奉父

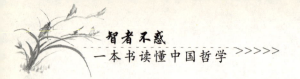
亲，与其弟程颐一起潜心研究学术。

程颐在 27 岁科举廷试落第后，便不再参加科举考试，而是以处士的身份进行讲学。除了曾一度随赴汉川任职的父亲去过今天的四川之外，程颐一生的大部分时间都住在洛阳，并在这里开馆讲学。程颢后来也回到洛阳，兄弟二人便在一起研究学问和讲学授徒，因此这一派后来被称为洛学。

1085 年，宋哲宗即位，任命程颢为宗正寺丞，但还没来得及上任，程颢便于当年的六月十五日去世。经司马光推荐，程颐被任命为崇政殿说书，负责整修国子监的条规，也经常为宋哲宗讲课。但不幸的是，程颐却从此被卷入了北宋政界的派系斗争之中。在司马光去世后，以孔文仲为首的一群人，进谗言污蔑程颐。最终，程颐于 1086 年被罢免崇政殿说书，再次回洛阳从事自己的讲学活动。1097 年，程颐又一次受到党派斗争的牵连，被贬至涪州编管，就是在涪州期间，他写成了名著《伊川易传》。1102 年，宋徽宗改元崇宁，新党再次当权，列出了"元佑奸党碑"，程颐也为其中一员，受到打压。此后，程颐生活艰难，当他在 1107 年病逝时，除了他的弟子张绎等人外，无人敢来为他送葬。

程颐仅比哥哥程颢小一岁，却比他晚去世 20 多年，做官的时间又短，他将更多的时间与精力投入学术研究与讲学，因而无论是在洛学这一学派形成中的贡献，还是对后世理学思想的影响，程颐都要超过程颢。但有一个流传的故事，却在暗示程颐的个人修养比不上程颢。

有一次，程颢、程颐兄弟俩一起去赴宴，席中有歌妓陪酒，程颐非常不高兴，最终拂袖而去，但程颢却留了下来，尽欢而散。第二天，程颐去书斋中质问程颢，程颢笑道："昨天席间虽然有歌妓，但我心中却没有；今天书斋中没有歌妓，你心中却念念不忘。"如果这个故事是真实的，那么，我们倒是可以看出，程颢的思想和修养都受佛教禅宗的影响很深。

程氏兄弟年龄上仅仅相差一岁，又都随周敦颐学习，后来还长期在洛阳一起开馆讲学，这种共同的学术经历使他们的思想主张也基本相同。

二程学说最主要、最核心的部分是他们二人共同创立的天理沦，这是其全部学说的基础。

二程认为，"理"就是先于万物产生的天理，万物都只是一个天理，万事都只是出自于天理。"理"是事物内部的根源，事物是"理"的外在表现形式。"理"为体，事为用，两者是相互统一的。实际上，他们所说的天理，也就是指自然的普遍法则。现行的社会秩序也是由天理来制定的，遵守它便是合乎天理，反之，则是逆天理。

二程的人性论源于性善论，又在这个基础上进行了发扬和深化。他们用"理"来对人的本性进行规定，提出性即理的主张。他们认为人性有两种：天命之性和气质之性。人性之所以善，是因为天命之性的存在。天命之性是人性的根本，它是天理在人性中的体现，没有受到任何损害和扭曲。而人性之所以会变恶，则是因为人还存在气质之性的缘故，气质之性是由气化生而来，或多或少都要受到气的影响，因此具有向恶的方面发展的趋向。

二程认为，孟子谈性善，主要涉及的是天命之性，荀子谈性恶，主要论述的是气质之性，两者都不错，但又都不全面。虽然天命之性才是人性的根本，但是二程认为，在谈论人性的时候，应当将这两者结合在一起谈，不能只取其一。

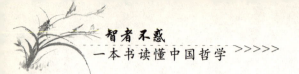

在二程以后，天理、人性，不仅成为思想界最常讨论的命题，甚至也成为百姓生活中喜闻乐见的俗语，没天理、没人性竟然成为中国人的骂人话，由此可见宋代以后理学对中国人的影响之深，也可以发现二程的学说对后代的影响之大。

二程的思想虽然非常相似，但在修养方法上，程颐和程颢还是有一些差别的。

程颐认为，修养就是人的自我培养和自我实现，人的道德情操和境界的培养，需要排除杂念，把注意力集中到内心，不让心松懈，始终保持一种敬畏的心境。除此之外，还要向外研究具体的事物以便去发现、认识"理"，并以此作为标准，来检查自己的思想是否合乎"理"。这也就是所谓的"格物穷理"。

程颢提出了"定性"的理论。所谓"定性"，实际上就是"定心"，即如何做到内心的安宁与平静。他认为，要使内心平静，不受来自外部事物的干扰，就应该接触事物，但却不执着、留恋于任何事物，内外两忘，超越自我。相对而言，程颢更注意心性，有学者认为，这是南宋陆九渊"心学"的源头。而程颐的"格物穷理"，显然是朱熹理学的源头。

朱熹（1130年—1200年），字元晦，号晦庵，又称考亭先生，祖籍徽州府婺源县，生于南宋时期的南剑州尤溪（今福建三明市尤溪县）。朱熹从小聪明过人，8岁便能读懂《孝经》，十余岁时，就开始专心攻读圣贤之学，以圣人为自己的榜样。14岁时父亲去世，朱熹随父亲好友刘子羽生活。刘子羽对道学和佛学比较热心，因此朱熹早年对道学、佛学都有很浓厚的兴趣，其思想明显受到佛、道两教的影响。朱熹19岁进士及第，从此开始步入仕途。

1160 年，朱熹正式拜程颐的三传弟子李侗为师，不再留恋道学和佛学，专心儒学，继而成为程颢、程颐之后儒学的重要人物。

1163 年，朱熹回到福建崇安，此后专心致力于理学，在十余年间编写了大量的书籍，并从事讲学。

1175 年，朱熹与吕祖谦、陆九渊等在江西上饶铅山鹅湖寺相见，这就是著名的鹅湖之会，争论的焦点是关于认识论的问题。朱熹主张"泛观博览，而后为之约"；陆九渊则主张"先发明人之本心，而后使之博览"。这就是朱、陆两派的分歧点。朱熹认为陆学太简易；陆九渊则认为朱学太支离。这次争论，就是哲学史上著名的"鹅湖之会"，争论的实质，都是为了互争正宗教主地位。但是，这次"鹅湖之会"并没有解决他们两派学说之间的分歧，故以后还有更加激烈的关于世界观问题的争论。尽管如此，"鹅湖之会"对当时学术界却有很大的影响。

鹅湖之会不欢而散，从此，朱熹为代表的"理学"与陆九渊为代表的"心学"分别发展，成为理学的两大派。此后，朱熹建立白鹿洞书院，订立学规，讲学授徒。

1193 年，朱熹任职于湖南，主持修复了四大书院之一的岳麓书院，这里与白鹿洞书院一样，也成为朱熹讲学授徒、传播理学的地方。朱熹晚年曾任焕章阁待制兼侍讲，每逢双日，早晚为刚即位的宋宁宗讲学。但由于朝中的政治斗争，朱熹晚年受到排斥，他的学说被斥为伪学，他本人被斥为伪师，他的学生们也被斥为伪徒。朱熹不仅很快就丢了官，甚至朝廷还作出规定：凡荐举为官，一律不取"伪学"之士。

这对朱熹是一次不小的打击，朱熹于 1200 年，在自己家中郁郁而终。当时谁也想不到的是，朱熹的思想在后世却有着如此之大的影响，

成为明、清两代科举考试的标准内容。明、清两代的读书人，尊称朱熹为"朱子""朱夫子"，甚至"朱夫子"的影响都有了超越"孔夫子"的趋势，因为不读"孔夫子"的书没有关系，可不读"朱夫子"的书，想通过科举考试当官，可就难上加难了。由于朱熹的影响非常大，程朱理学也被称为朱子学。

总体说来，朱熹的思想秉承二程，尤其是程颐，但受佛教和道教思想的影响也是比较明显的。

二程和朱熹的思想之所以被称为"理学"，是因为其最核心的思想就是一个"理"字。朱熹认为，理是先于自然和社会的形而上的东西，气则是有形状、有迹可循的，是构成万物的单位。理是最根本的东西，在逻辑上是先于气的，但也不能脱离气而存在。理是第一的，气是第二性的。朱熹认为，万物都具有理，万物的理最后归为一起，称为太极。每一个人和物，都具有一个太极，也就是说，每个人和物的身上，都存在着一个完整的理，这便是"理一"。进而朱熹将理作为评价伦理道德的准则，用理来评判一个人的行为是否符合天理，是否正确。

概言之，在程朱理学中，理作为最核心的概念，也是最高范畴，指的是宇宙的本原。理是永恒的，是先于世界而存在的精神实体。世界万物是自理中派生出来的，理或天理，才是自然万物和人类社会的根本法则。

程朱理学对"理"的讨论并没有仅仅停留在哲学的意义上，而是将之引入到政治学的层面。理的本原性决定了人的本性来自天理，"性即理"，也就是说，人性与天理本来是不相违背的。而儒家提倡的伦理道德，如三纲五常，都是与人的本性相吻合的，即都是源自天理的内容。导致人破坏这些道德规范的不是人的本性，而是人的欲望。因此，人的道德修养，就是一个不断克制、消灭自己的欲望，使自己向人的本性与天理回归的过程，这也就是理学的著名命题"存天理，灭人欲"。

汉代董仲舒最早提出三纲五常观念，三纲是指君为臣纲、父为子纲、夫为妻纲，理论上要求为臣、为子、为妻的，必须绝对服从于君、父、夫；五常又称五典，指仁、义、礼、智、信五种行为规范，是用以规范君臣、父子、兄弟、夫妇、朋友人伦关系的行为准则。程朱理学将这些上升到"天理"的层面，视之为绝对不容许触动的天条，对于稳固王朝的统治无疑是非常有利的，这才是后世统治者尊崇程朱理学的最重要的原因，但这方面的负面作用也是最为明显的。

正是从"存天理，灭人欲"的角度出发，程颐大力提倡妇女要从一而终，在丈夫去世后不应该改嫁。有一次，当程颐在演讲中阐释这种思想时，有听众提问说："有这样一位妇女，丈夫去世后，无亲无故，没有生活来源，眼看就要饿死了，她难道也不应该改嫁吗？"据说程颐不假思索，脱口而出道："饿死事极小，失节事极大。"此后，"饿死事小，失节事大"成为中国人奉行几个世纪之久的信条，对妇女的身心造成极大的摧残。

程朱理学受佛学的影响也是显而易见的。程颐在四川期间完成《伊川易传》一书，后来回到洛阳，给他晚年最喜爱的弟子尹焞学习，并问他读后有何心得。尹焞回答说："体用一源，显微无间"的说法似乎太露天机了。程颐听了叹道："近日学者何尝及此！""体用一源，显微无间"是《伊川易传》序言中的一句话，因为这里明显地透露出程颐融合了佛教华严宗的思想，所以尹焞说这句话"太露天机"了。

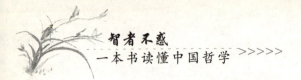

实际上，程朱理学的"理一分殊"的思想也来自佛教。

朱熹认为，天地间万事万物的理，其实都只是出自同一个理，就是天理，但分开来，每个事物都各自有了一个理，但是千差万别的事物的理都是那个天理的体现。理是同源的，没有差别的，但是其具体体现却是各不相同的。这就是"万物皆有此理，理皆同出一原，但所居之位不同，则其理之用不一"。因为理的本原都是同一个天理，所以人才可以将心比心、推己及人；因为这个理的具体体现随处不同，所以人才要因时制宜、因地制宜。这就是"理一分殊"。

而这种思想早已见于佛教的华严宗和禅宗。佛教的表述是"月印万川"，天上的月亮照在天下无数的河流之中，每条河流中都映现出一轮月亮，所有河流中映现出的月亮，都是天上那一轮明月的体现，但因为河流的不同，其在每条河流中所表现出来的具体形体却千差万别，但我们不能因而认为存在不同的月亮。

如果我们从内圣外王的角度来评判，可以说，程朱理学更注重的是内圣，而不是外王，就是说，更重视向内的省悟，更重视修养方面的功夫，而不是很强调理学思想在政治上的实践性和有效性。这种特点，应该与二程、朱熹仕途皆不如意有一定的关系。

也正是因为官场的失意，使二程和朱熹能够将更多的时间与精力投入教学活动中，因而培养出众多出色的弟子，这是后来洛学一系在理学各派的竞争中得以胜出的非常重要的原因。事实上，将周敦颐、邵雍、程颐、程颢、张载并称为"北宋五子"，这也是程朱一派最早提出的，反映的是他们对理学发展演变历史的认识，具有比较明显的派性，并不完全是客观公允的。

程颐门下著名弟子比较多，谢良佐、杨时、游酢、吕大临被称为程颐的四大弟子，程颐去世后，仍旧在宣传二程的思想。是杨时、谢良佐将二程的思想南传，最终才得以出现朱熹这样的大学者。特别是程颐晚年最喜爱的弟子尹焞，即使在南宋，程朱理学受到非议的时候，他也坚持程颐的学说。当他被任命为崇政殿说书，为皇帝讲课时，他公开提出，自己追随程颐 20 年，信奉的是程颐的学说，如果一定要让他来说，他就要按照程颐的观点去阐释儒家思想。

在北宋中期，二程开创的洛学仅是理学众多流派中的一派而已，并不具有特殊的地位。虽然这一派学说并未得到宋朝历代皇帝的赏识，但由于优秀学者众多，发展至北宋末、南宋初，俨然已经成为能够与官方支持的王安石新学分庭抗礼的最有影响力的民间理学派别了。

南宋时期，程朱理学一再受到来自官方的打压，但在朱熹等学者的努力下，其影响力却在稳步上升。在元朝统治下，程朱理学北传，其影响力进一步扩大。至明初，将程朱理学视为理学的正统，定为科举考试的内容，实际上正是程朱理学发展过程的一个必然的结果。但是，这种重视内省的学说成为官学之后，儒学和理学走向重视个人修养、忽视从政能力的误区，对此后的中国形成的负面影响也是显而易见的。

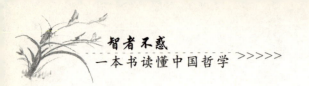

张王气学

　　就在程颢、程颐兄弟在洛阳讲学，创立洛学的同时，在西北的关中地区，同为北宋五子之一的张载创立了关学。洛学、关学以及周敦颐创立的濂学，南宋朱熹创立的闽学，在学术史上一直被称为理学的四大学派。

　　程氏兄弟曾就学于周敦颐，张载受二程思想的影响比较大，其门徒在张载去世后，多转入二程门下，可以说关学后来并入了洛学。朱熹作为程颐的四传弟子，其闽学出自洛学一系。由此可见，濂、关、洛、闽四大学派关系密切，实际上属于理学的同一系统。正是理学的这个系统，在后世成为理学的正统。

　　张载（1020 年—1077 年），字子厚，原籍大梁（今河南开封），生于长安（今陕西西安），因为后来久居凤翔府眉县（今陕西眉县）横渠镇聚徒讲学，被称为横渠先生。

　　在张载的青年时代，正是西夏侵扰北宋的边境，西北地区连年战事不断的时期，受这种环境的影响，张载曾专心研究兵法，喜欢谈论军事。1040 年，他上书谒见当时任陕西经略安抚副使兼知延州的范仲淹，为西北军事献计献策。范仲淹认为张载是可造之才，因而告诫他说："儒者自有名教可乐，何事于兵。"劝他不要将时间精力花在研究军事问题上，这不是最重要的。受范仲淹的影响，张载开始研究《中庸》。后来张载也曾研究佛教、道教的思想，认为都不如儒学，这才转入专心研究儒家经典，并以此建立自己的思想体系的道路。

1057 年，张载与程颢同年中进士，此后做过地方官。1069 年，因御史中丞吕本中的推荐，张载得到宋神宗的召见，并被任命为崇文院校书。但当时宋神宗正在支持王安石变法，因为与王安石政见不合，不久张载即辞官回到故乡横渠镇，专心于讲学和著书。

张载的某些思想中，明显透露出道家思想的影子，在其思想的核心"气一元论"中，尤其如此。

张载最早提出了"太虚无形，气之本体"的宇宙本体论，认为宇宙的本体太虚是没有具体形状的，是由"气"构成的。宇宙间的一切，不外是这个"气"的分合聚散而已：气聚，就形成了世界上种种有形的物质性的东西；气散，也就是这些东西的毁灭。一切都是从气构成的太虚中来，最终也都是在气散以后再回到太虚中去。气有聚散，但是并不存在生灭，气与太虚都具有永恒性。

张载将宇宙的本原归结为气，这无疑是一种唯物主义的宇宙观。应该说，在中国古代，将宇宙的本原归结为气，这种观念的渊源甚至可以一直上溯到先秦时代，从汉代至隋唐，有关气的思想不断得到丰富与发展，张载的气学思想，既是对中国古代相关思想的继承，也是这个领域的集大成之作。

张载认为，人也是由气聚形成的，人死不外乎是构成人的气散了。因此，人性存在着天地之性和气质之性两个方面。所谓天地之性，就

是本来存在于天地之间的一种至善的性，是人和万物都具有的；而气质之性则是人出生后，受到各种后天的影响而生成的各不相同的特殊的本性，气质之性是驳杂不纯的，有善的也有恶的。张载的这种思想后来为朱熹所继承，在加以改造之后，成为朱熹理学思想的重要组成部分。

张载认为，人与万物，都是由气凝聚而成的，都具有相同的本性。在此基础上，提出了"民吾同胞，物吾与也"的著名命题。张载将天地比喻为父母，认为每个人都是天地所生，所以人与人之间都可以称得上是同胞。由此出发，他认为，国君是这个大家庭中的当家的长子，大臣们是协助当家人的管家们，这个大家庭中的每一个人都应该顺从君主的领导，尽忠尽孝，由此肯定了君权的正当性与合理性。但是，张载"民吾同胞"的理念却远比其所要维护的君主统治更为长久，在中华民国以后，被赋予了新的内涵并一直发挥其影响，时至今日，"同胞"一词仍为中国人所习用。

同样为中国人所熟悉的，还有张载的名言："为天地立心，为生民立命，为往圣继绝学，为万世开太平。"这曾为无数的中国知识分子奉为人生的理想与追求。

张载讲学关中时，学生很多，由此形成在当时很有影响的学派关学。张载去世后，其弟子很多转投二程门下，关学从此衰落下去。虽然有李复等人继承了关学的传统，但由于关学此后再也没有出现过有影响的学术大师。至南宋，作为一个学派，关学就已经不复存在了。

张载对于后世的影响却比关学更为持久。他的思想深深地影响了朱熹，因而被后者奉为理学的开创者之一。明朝永乐年间，张载的作品被编入《性理大全》一书，作为科举考试的必读书。明代思想家中，对张载十分推崇，继承并发展其"气一元论"思想的，主要有王廷相和王夫之。

王夫之与黄宗羲、顾炎武并称为明末清初三大思想家，但由于其晚年清贫，连写作所需的纸笔都靠门生供给，他的著作写成之后，也就转赠给了这些人，很少能刻本流传，所以，在清初，王夫之的影响力实际远比不上黄、顾二位，而其哲学思想却要比黄、顾深刻得多。

王夫之（1619年—1691年），字而农，号姜斋，湖南衡阳人。

王夫之的父亲王朝聘，曾就读于国子监，是一位退隐乡下的读书人，主张真知实践的学风，对王夫之产生了巨大的影响。王夫之从小聪颖过人，又接受了良好的教育，7岁读完"十三经"，14岁便考中了秀才。1633年和1636年，王夫之两度参加乡试，均未中举，而此时的明王朝已经处于农民起义和清朝进攻的内忧外患之中了。于是，王夫之于1638年和旷鹏等人组织"行社"，又在第二年和管嗣裘等组建"匡社"，希望能够匡扶明王朝的江山社稷。

就在明朝灭亡前两年的1642年，王夫之参加了崇祯壬午乡试，中举人第五名。1644年3月，李自成攻占北京，崇祯皇帝在煤山上吊自杀，明朝灭亡。王夫之知道消息后，数日不食，作《悲愤诗》，以示哀伤。

在清兵入关后，王夫之一直从事反清复明的活动。1648年，明朝降将金声桓、李成栋以及何腾蛟起兵反清，王夫之借机在衡山组织匡社成员和地方民众发动了抗清起义，以阻止南下的清军。但不久起义便被镇压下去，王夫之投靠南明永历帝，担任行人司的行人。南明小朝廷处于风雨飘摇之中，内部矛盾却仍旧尖锐激烈，王化澄和太监吴国祥结成吴党，党同伐异，排除异己，陷害逮捕以袁彭年为首的楚党

成员。王夫之因上书弹劾王化澄而遭陷害。后来因为得到母亲病重的消息，王夫之潜回衡阳。

1653年，清朝对湖南确立了统治，下令薙发易服，王夫之不从，改换姓名，居于山野，食野菜，住瑶洞，自称瑶人。

1659年，清军大举南下，永历帝逃亡缅甸，于1661年被杀，南明灭亡。此后王夫之开始了隐居著书、潜心学术的生涯。王夫之于湘西石船山筑湘西草堂，至1691年病逝于此，因此世称船山先生。

王夫之生前为自己题写的墓志："抱刘越石之孤愤，而命无从致；希张横渠之正学，而力不能企。"其中的张横渠就是指张载，可见他在思想上受张载的影响之深。

在宇宙观方面，王夫之继承了张载的"气一元论"思想，认为整个宇宙间都充满着气，气是世界万物的本原。气凝聚在一起就显现出来，生成世间万物，消散了就隐藏起来，这也就是世人所认为的"无"的状态了。气具有不可消灭性，是客观存在的、永恒的。

王夫之认为，气是充斥宇宙间的物体，世间万物在其不断运动中经历着聚散成毁。而理是宇宙间物质运动的规律，没有气，理也不复存在。因此，王夫之认为，气在理之先，不仅批判了程朱的理在气先，也批判了陆王心学心即理的观点。

王夫之称"太虚者，本动者也"，认为世界万物的本原太虚是处在不断的运动之中，也就是说，运动才是宇宙的本质，才是万事万物的根本规律。同时，王夫之又指出，"静即含动，动不舍静"，认为运动包含静止、静止包含运动，两者是相辅相成、相互依存的。静止也是运动的一部分，是特殊的运动状态，世界上没有绝对静止不动的事物。因此，世界万物都处在不停息的运动变化发展之中。

由此出发，王夫之认为，人类历史也是在不断的进步发展之中，文明经历着从低级到高级的演进。伏羲以前，人类如同禽兽；黄帝以前，华夏也同于夷狄；三代时期，君主相当于明代西南地区的土司；战国时期，是社会的大变革时期；至汉唐，文化和社会制度在不断完善，就不是三代所能比拟的了。在此基础上，王夫之对邹衍的五德终始说、董仲舒的正统说以及邵雍的四会说都进行了批判。

与张载一样，王夫之也主张忠君，但是，王夫之认为，只有那些明主、圣君才配得到尊敬。他总结明朝的历史，又提出公天下的观点，认为君主不应该独揽大权，不应该将天下财产当作自己的私有，认为政治上应该分权于宰相，防止君主独断专行；经济上，主张让农民有自己的土地，自己耕种，反对兼并。

由于经历了满族入关的剧变，王夫之的思想受这一现实变革影响极大，因此使王夫之产生了巨大的民族情感，认为夷狄和华夏的区别，犹如小人和君子的差异一样，认为夷狄是禽兽，欺之、杀之、夺之都不为过；当然这种思想是具有狭隘的民族主义成分的。但王夫之的民族观也有可取之处，他认为各族应当互不侵扰，相安无事。汉族统治者不应该无故攻打少数民族，而是要帮助他们进行社会经济的发展；同时少数民族也不应该对中原王朝边境进行掠夺。

由于王夫之是继张载之后，将气作为宇宙本原的最著名的学者，因此，现代学者习惯上将张载、王夫之作为代表，称这一派思想为"张王气学"。

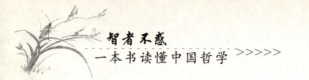

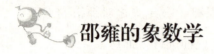

邵雍的象数学

邵雍（1011年—1077年），字尧夫，谥康节，北宋哲学家，代表学问为"象数之学"。他的学说是阴阳家、道家、儒家思想的综合。

邵雍初到洛阳时，生活比较困苦，所住的房屋，蓬草绕墙，不蔽风雨。邵雍每天亲自打柴烧饭，恭敬地侍奉父母。虽然日子过得清贫，但他感到非常欢怡快乐。

当时，洛阳是中原名城，反对王安石变法的前任宰相富弼、司马光、吕公著等人都住在那里。据说这些人都尊重邵雍，经常和他一起出游，还在洛阳为他买了一处"七千余步平流水"的大宅园和一些田地，地契是司马光的户名，园契是富弼的户名，庄契是王拱宸的户名。于是，邵雍便日出而耕作，日落而归家，所得仅仅能维持自己的生活。邵雍称他的宅园为"安乐窝"，还给自己起了个号，叫作"安乐先生"，在那里过着"隐居"的生活。

邵雍身体不好，怕冷怕热。每逢春秋时节，他驾着黄牛小车到处游览。一个人驾车，想去哪就去哪，随心所欲。邵雍和司马光情同手足，而且他们待人和气热情，与人交谈，经常赞扬别人的优点，而很少指责别人；有来向他们请教的，他们都一一给予解答，从不勉强教人，无论贵贱老幼，他们都诚心接待。因此，士人都佩服他俩的教化。邵雍每次驾车出游，士大夫们听惯了他车子的声音，都争相迎候；小孩子和奴仆们也高兴地奔走相告说："我家先生到来了！"好事的人还模仿邵雍住房的样式盖起房子，名曰"行窝"，以待候邵雍前来住宿。有时，邵雍到某些士大夫家，其家妇、姑、妯娌、婢妾发生争执，很久不能解决，他们就一个个到邵雍面前申述，邵雍便逐一分别处理，做到皆大欢喜。于是邵雍连饮数日，以后再游一家。那些士人经过洛阳，即便不去公府，也一定是去拜访邵雍。一时间，洛阳人才济济，忠厚之风闻名天下。

邵雍有首《后园即事》的诗，真切地反映了他的"寻乐"思想，诗中写道：

> 太平身老复何忧，景爱家园自在游。
>
> 几树绿杨阴乍合，数声幽鸟语方林。
>
> 竹侵旧径高低迸，水满春渠左右流。
>
> 借问主人何似乐，答云殊不异封侯。

邵雍的象数学理论，是用一种神秘的、怪异的理论体系，从空间、时间两个角度来对宇宙本体论和宇宙起源论进行阐释，既弥补了儒家学说中宇宙观缺失的弱点，其宏大的时间体系，又正可以与宋代儒家学者们要排斥的佛教的宇宙论相抗衡，因此备受后代的理学家推崇。

邵雍的思想对程朱理学影响极大。程颐曾推崇邵雍的学说是"内圣外王之学"，并评价其对《周易》的研究："自古言数者，至康节方

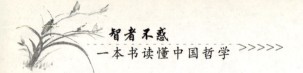

说到理上。"认为将《周易》的象数派理论与理学联系起来，是邵雍的创见。南宋朱熹在作《周易本义》一书时，还特意将邵雍设计的几幅相关卦图放在了全书之首，对邵雍的学说极为推崇。

在民间，至今流传着一种专讲如何用《周易》进行占卜的古书《梅花易数》，传说为邵雍所作，而此书在中国民间的知名度比邵雍还要高得多。《梅花易数》一书中记载着很多邵雍占卜如何灵验的故事，因此，在民间邵雍几乎被视为神人，百姓对邵雍的印象，恐怕与历史上真实的邵雍之间几乎找不到任何相同点。

宋代《周易》象数学的另一位代表人物是朱震。

朱震（1072年—1138年），字子发，世称汉上先生，湖北荆门州（今湖北荆门）人。朱震对《周易》有其独到的见解，其著作被称作《汉上易解》。

朱震与二程的弟子谢良佐相交很深，因此其思想受二程理学的影响比较大。在宋室南渡之前，大学士胡国安就发现了朱震的才能，对他十分器重，向宋钦宗进言，主张起用朱震。宋室南渡后，宋高宗曾亲自召见朱震，询问《周易》《春秋》两部儒家经典的要义。朱震应答如流，并趁机向宋高宗呈进自己中兴宋室的计策。宋高宗很高兴，起用朱震为起居郎，调任翰林院大学士。1137年，朱震请求病休，不被允许，并派他任礼部贡举。1138年，朱震因病去世。时人将他和陆九渊、胡文定并称为"荆门三贤"。

朱震自许为研究《周易》的集大成者，其思想中也确实有一些创新，如提出"无一物不具阴阳"的哲学命题，但总体来说，其思想体系芜杂混乱，神秘气息比邵雍更浓，以至于朱熹批评他，说"不知是说什么"。就《周易》的象数学而言，朱震确实可以称得上是邵雍之外的第一名家。象数学自身所具有的神秘性，使这一方向的发展本身就具有比较大的局限性，这是象数学一直未能在理学各家中占有比较重要地位的原因之一。

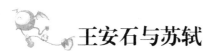

王安石与苏轼

在北宋，影响比较大的理学分支，还有王安石的新学与苏氏父子的蜀学。

王安石（1021 年—1086 年），字介甫，晚号半山，北宋临川（今江西省东乡县上池村）人，后其父王益任江宁（今江苏南京）通判，于家迁居江宁。1042 年，王安石中进士第四名，历任地方官，曾在任内做了一些变法改革的尝试。1058 年向宋仁宗上万言书，提出变法主张，但未被采纳。此后因母亲去世，辞官回江宁隐居，聚徒讲学。

1067 年，宋神宗即位，任命王安石为知江宁府，几个月后，召为翰林学士兼侍讲。1069 年拜为参知政事。从 1070 年起，王安石两度任同中书门下平章事，依靠宋神宗的支持，陆续推出农田水利、青苗、均输、保甲、免役、市易、保马、方田等一系列新法，进行大规模改革，史称王安石变法。

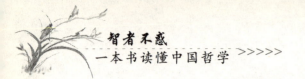

　　宋代的学术一直与政治息息相关。如果说此前的庆历新政为宋代理学的滥觞，那么王安石变法为理学的发展奠定了坚实的基础。作为改革家，王安石的思想对理学的形成与发展也产生过巨大的影响。

　　王安石认为，天就是自然的天，没有情感，也没有意志、目的，"天与道合而为一"，道也不过是一种客观的存在而已，也不能对人间的善恶作出相应的反应。天道的运行，不因人的意志转移，不受人的影响，更不会对人的善恶作出报应。包括天地在内的万物，其本原都是气，在这一点上，王安石的观点与张载非常接近。

　　但王安石进一步认为，作为万物本原的气，又分化为阴阳二气，阳气在上，阴气在下，在中间阴阳二气交汇的地方，又产生了"冲气"。冲气这个概念出自《老子》，由此我们可以看出，王安石的思想明显受到道家思想的影响。王安石认为，是阴气、阳气、冲气这三种气，不断地运行、化合，从中生成了金、木、水、火、土五行，以五行为基本元素，最终形成了万物。

　　以此为基础，王安石对于此前流行的天命论和天人感应说都进行了彻底的批判，应该说，这是有积极意义的。自汉代起，盛行于儒学内部并对历代政治形成明显影响的天人感应说，在宋儒的思想中没有明显的体现，应该说与王安石的批判是有一定关系的。

　　在这种思想背景下，王安石大胆地提出"天命不足畏"，意思是天命不能作为政治决策的最高依据，对那些用灾异来反对变法的论调作出强有力的反击。而这种大胆的思想，对学术界构成的冲击，可能要远远大于对政界的冲击。

　　作为王安石变法门号的"天命不足法，祖宗不足法，人言不足恤"，应该说，对宋代思想界的疑古风气有着明显的影响。作为王安石变法重要内容之一——对科举制度的改革，使宋代学术界真正自注疏之学中走出来，形成轻注疏、重义理的新的学风。王安石后来受封为荆国公，因而其学说被称为荆公新学，或按其籍贯称为临川之学，是北宋理学的重要学派之一。不论从哪个角度说，王安石对理学的贡献都是不可低估的。

不论是思想，还是其改革举措，王安石都有超前之嫌，因而在当时反对者众多。1076 年，王安石辞去宰相之职，开始隐居。宋哲宗即位后，以司马光为代表的保守派当权，王安石推行的各项新法都被废止。1086 年王安石在抑郁中病死于江宁（今江苏南京）钟山。

王安石变法未能成功，却带来了意想不到的巨大负面效果，那就是因对变法态度分歧激化成士大夫的党派斗争一直持续到北宋灭亡以后。在南宋，坚持王安石新学的倒是著名的奸臣秦桧。1241 年，这种斗争最终告一段落，宋理宗下诏，以周敦颐、程颐、程颢、张载、朱熹从祀孔庙，同时宣布王安石为"万世罪人"。

在中国古代，对王安石的思想评价不高，很重要的原因在于后来的党派斗争中，反对变法的派系逐渐占了上风，对王安石的评价自然渗入了党同伐异的因素。

与王安石的新学一样，深受变法牵涉的，还有苏氏父子的蜀学。

蜀学，名义上是由苏洵、苏轼、苏辙父子创立的理学学派，实际上应始于苏轼、苏辙兄弟。其代表人物有被称为苏门四学士的黄庭坚、张耒、秦观、晁补之，如果再加上陈师道和李廌，则被称为苏门六君子。

苏洵（1009 年—1066 年），字明允，号老泉，眉州眉山（今四川眉山市）人。他与其子苏轼、苏辙合称"三苏"，一家父子三人均被列入唐宋八大家中，因此后人曾撰有一副对联："一门父子三词客，千

古文章八大家。"苏洵在 37 岁科举不中之后，一直隐居读书，精通六经、百家之言，但直到晚年才做过秘书省教书郎、霸州文安县主簿等小官。

苏轼（1037 年—1101 年），字子瞻，号东坡居士，民间更习惯称他为苏东坡。在当时他是毫无争议的文坛领袖。他自己制作的一种帽子，竟受到全国读书人的仿效，成为读书人最时尚的服饰，称为"子瞻帽"。苏轼是北宋最著名的大才子，不仅文章被后人列入唐宋八大家，诗词也极受推崇，特别是词，历来被视为豪放派宋词的典范。他还擅长书法和绘画，其书法列于宋代四大家苏、黄、米、蔡之首。但是，苏轼一生仕途却极为坎坷。

苏辙（1039 年—1112 年），字子由，比苏轼仅小两岁，兄弟俩的成长经历极其相似。

1056 年，20 岁的苏轼与其弟苏辙随父苏洵进京，次年参加礼部的考试，和苏辙中同榜进士，一时轰动。兄弟俩可谓春风得意。但是，在宋神宗任用王安石进行变法时，苏氏兄弟因上书反对变法而被贬官。1079 年，因有人故意曲解苏轼的诗句，诬陷其"谤讪朝廷"，苏轼被捕入狱，史称乌台诗案，这是北宋历史上规模较大的一次文字狱。苏轼险些丢了性命，出狱之后，被降职到黄州做团练副使。苏辙也受到牵连，被贬为监筠州盐酒税。

1086 年，宋哲宗即位，高太后听政，旧党重新得势，苏轼被召还朝，升起居舍人，后升中书舍人，最后升为翰林学士知制诰。由于苏轼反对全面废止王安石的变法举措，认为特别是免役法，不应该骤然废除，这些政论无疑又得罪了旧党。最终，在新旧两党的激烈斗争中，苏轼既不属于新党，又不能为旧党所容，因而连连被贬，最后放逐海南。1101 年宋徽宗大赦天下时，苏轼才得以北归，却在归途中病逝于常州。

苏辙虽然才气上略逊于乃兄，但为人却稳健得多，官也比苏轼做得大。1089 年任吏部尚书，在出使契丹之后任御史中丞。1091 年拜尚书右丞，次年进门下侍郎，执掌朝政，苏辙的仕途生涯升至顶峰。在 1093 年宋哲宗亲政之后，旧党失势，苏辙连连被贬。1104 年，苏辙在颍川定居，享受田园生活，筑舍名为遗老斋，自号颍滨遗老，终日以读书著述为乐，并研究佛学，以参禅为事。

苏氏蜀学内容芜杂，更多的是针砭时弊的策论，而较少哲学方面的探讨，这是其作为学派难以为继的重要原因。大体上说，苏氏蜀学在政治方面提倡结人心、厚风俗、存纪纲。而在形而上的方面，却出入佛老二教了。

苏氏兄弟不仅没有进行哲学方面的深入研究，而且对深究天道性命的二程兄弟不无微词，认为程氏的理学不切实用，是无法落实的东西。蜀学与二程的理学长期处于相互排斥和斗争的状态。因为苏氏兄弟是今四川人，即蜀人，二程兄弟是洛阳人，因而这场斗争史称"蜀洛党争"。由于没有自己一套完整的思想体系，蜀学在苏氏兄弟去世后，很快就走向衰落了。

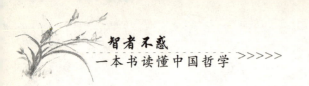

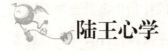

在讲到中国古代的主观唯心主义思想时，经常引用的一句话是："宇宙便是吾心，吾心便是宇宙。"这句话出自心学的创始人南宋的陆九渊。在两宋的重要理学支派中，心学是形成比较晚的一个。

陆九渊（1139年—1193年），字子静，号象山，南宋抚州金溪（今江西临川县）人，世称象山先生、陆象山、存斋先生，与其兄陆九龄、陆九韶并称三陆。

陆九渊在兄弟六人中最小，但最聪明。据说，在陆九渊三四岁的时候，就曾问他的父亲陆贺，"天地何所穷际"，陆贺没有回答他，因此陆九渊穷思极想，以至于废寝忘食。五岁读《论语》，听到有人诵读程颐的说法，他认为和孔孟的思想并不吻合。到十多岁，读古书时，就提笔写出了"宇宙便是吾心，吾心便是宇宙"。

1162年，陆九渊参加乡试，中举；1172年，考中进士。此后陆九渊在家中旧屋槐堂设讲堂，开课讲学，前后持续三年。1174年，陆九渊被任命为靖安县主簿，步入仕途。1187年，陆九渊登贵溪应天山讲学，并在此地结庐而居。因应天山形似巨象，陆九渊将其改名为象山，白号象山翁，在此讲学达五年之久，听众云集，这是陆九渊思想大成的时期。

1190年，宋光宗即位，任命陆九渊为知荆门军。次年9月，陆九渊到任，修郡学、严边防，在政务上取得了不错的成效。但上任仅一年零三个月，便因病去世。

陆九渊自认为是孟子之后唯一能懂孟子的人，其思想与孟子大有渊源，最关键的一点是，"心"为生发宇宙万物的源泉，人的主观意识"心"掌管天下万物，万事万物都由心而发，宇宙也不例外，所以才有了"宇宙便是吾心，吾心便是宇宙"的说法。程朱理学所讲的理也是由心中产生的，这里的理既包括自然之理，又涵盖人伦之理。这样就把程朱理学当成是世界万物本源的理，涵盖在了人的心中。

陆九渊与程朱理学的代表人物朱熹为同时代人，为弥合二人在学术上的分歧，1175年，在吕祖谦的撮合下，陆九渊与朱熹在信州铅山鹅湖寺会晤，这就是历史上非常有名的鹅湖之会。主要就治学的方法问题，陆九渊与朱熹展开了激烈的辩论。

朱熹从理学的观点出发，主张即物而穷其理，要从博览群书和对外物的考察入手，通过增长知识来把握理；陆九渊则从心学的立场出发，主张"发明本心"，能够认识到本心，然后再博览群书。朱熹指责陆九渊的方法"太简"，陆九渊指责朱熹的方法"支离"。会晤最终不欢而散，心学从此与理学分道扬镳。

其实，陆九渊与朱熹的分歧还表现在对宇宙本源的认识上。朱熹赞同周敦颐提出的"无极而太极"命题，认为太极就是理的总汇，而理是无所不在的，这就是"无极而太极"；理又是抽象的形而上的东西，具有无形无象的特点，这就是"太极本无极"。因而将无极和太极

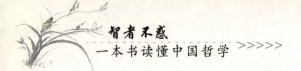

视为宇宙的本原。陆九源则认为，太极就是实理，就是宇宙的本原，在太极之前再添上一个无极实属多此一举；而且无极一词也不见于儒家的经典，却是出自道家的《老子》一书。

王守仁18岁时和妻子渚氏回余姚，在广信，向娄谅请教了格物的问题，之后又遍读朱熹的著作。为了证明朱熹所说的一草一木都有至理的观点，王守仁对竹子格了七天七夜，最后什么也没发现，自己反而病倒。因此，王守仁开始对朱熹的格物致知的学说产生了怀疑。

王守仁28岁时，参加礼部会试，成绩优异，由此步入仕途。1506年，他因得罪宦官刘瑾，被谪贬至贵州的龙场驿当驿丞。龙场之地，位于西南山区，苗、僚杂居。在这个安静的山区环境中，王守仁对《大学》的有关思想有了新的体悟，认为心是世间万物的根本之所在，万事万物都是心的产物。要认识圣人的思想，自己体悟就足够了，何必在具体事物上寻求至理呢？王守仁思想的这次转变，史称龙场悟道。

1517年，在任右金督御史期间，王守仁曾平定江西的民变。1519年，又平定了宁王朱宸濠的叛乱。因而王守仁被称为"大明军神"。1527年，王守仁被任命为两广总督，总督两广军务，并击败瑶族和僮族的少数民族地方武装。此时王守仁肺病日益严重，于是上书要求回乡。1529年1月9日，王守仁在归乡途中病逝于江西省南安舟中。

王守仁继承并发展了陆九渊的心说，事实上，心学这个概念就是王守仁提出来的。王守仁认为，理化生宇宙万物，人是宇宙中最精髓的部分，因此，人心中也就拥有了理的精髓。换句话说，理就存在于人心之中，不需要从外在的事物来探索理。心外无理，理就是人的本心。故而，王守仁强调要做到明本心，就能达到致知的境地。

王守仁还提出广致良知的心学概念，他认为，良知是心，心即为理，因此良知就是天理，是判定善恶的标准，良知也是人本身具有的内在特征。致良知，就是将良知推广万事万物，在实际行动中兼知兼行，做到知行合一。

为了说明儒家的义理、伦理之心，或者说万物之理，是人人都有的，而且是根植于心的，王守仁又提出了"心外无物"的命题。意思是，心与物不能独立存在，不能把它们割裂起来看。

有一次，王守仁和朋友一起郊游，路上碰见一株长在石头里的花。朋友就说："你说天下没有心外之物，那么这花在深山中自开自落，和我的心有什么关系呢?"王守仁回答："在你见到这朵花之前，花与你的心各自寂静，各不相干;当你看到这朵花的时候，花就已经进入我们的内心，此花便在心头显现出来，所以我说此花不在你的心外，而在心内。所以这朵花对于你的心来说，其存在本身及其意义的被确认，在于花在人心中的显现。也就是说，如果单纯抛开心来说花，花也就不能称之为花，因为花这一概念是在你的心中存在的;如果单纯抛开花来说心，那你的心中也就没有花这个形态的存在。"

整体上讲，程朱理学更注重客观的理，心学更注重主观的心，用现在的观点来说，程朱理学属于客观唯心主义，陆王心学属于主观唯心主义。历史上虽然陆王心学没有撼动程朱理学作为中国社会统治思想的地位，但是，其在明朝社会与程朱理学的辩论、争斗可谓影响巨大，对程朱理学也产生过一定的冲击。最后，陆王心学同程朱理学一样，在明清之际的启蒙思想和西学的冲击下衰落下去。

第十三章

明清：心学与实学

　　明清两代，程朱理学成为官方统治思想，中国思想界也就进入了一种空前的压抑状态之中。由此带给中国人思想方面的束缚，一直要等到五四运动的到来，才得以最终解脱。明末的李贽是中国古代充满叛逆精神的思想家，对当时居于官学地位的程朱理学抨击得不遗余力。到了清代，出现了乾嘉学派，注重考据实证，因为其治学的风格朴实无华，也被称为朴学。

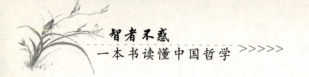

程朱理学正统地位的确立

理学思潮发展到北宋末年，二程一派就已经逐渐成为在理学大潮中占据主导地位的学派了，只不过由于与王安石为代表的新学之间的矛盾而屡屡受到来自官方的打压而已。至南宋，此学派中又出了集大成式的学者朱熹和南宋心学创始人陆九渊，他们也认为自己的学问与二程存在渊源，程朱理学的影响力在进一步加大。

宋宁宗在位时，程朱理学又一次被卷入政治斗争。由于支持理学的宰相赵汝愚被罢免，其政敌韩侂胄掌权，反对理学的呼声开始高涨起来。理学甚至被斥为伪学，严禁出现在科举考试中，理学家被作为逆党，朝廷还专门列出了包括赵汝愚、朱熹等59人在内的逆党名单，将这些人加以监禁或者是放逐。就是在此期间，朱熹去世。

在韩侂胄北伐失败被杀以后，史弥远成为宰相，理学的地位才开始逐渐恢复。在朱熹去世后的第十年，南宋朝廷追赠朱熹谥号为"文"，称朱文公。两年以后，朱熹的《论语集注》《孟子集注》被确定为官方法定的读本。程颐、程颢、周敦颐、张载等人也都被追加了谥号，宋宁宗甚至下诏寻访程颐的后人，加以任用。

继宋宁宗之后的宋理宗，早在即位之前，就已经跟随郑清之学习程朱理学了。在其即位后，大力提倡理学，从此程朱理学完全得到官方的认可，成为官学。发展至元代，由程朱一系的学者对儒家经典所作的注释，已经被列为科举考试的程式化内容了。

程朱理学正统地位的最终确立是在明朝。

朱元璋夺取政权后，对科举制度进行了调整，规定科举考试的内容是：初场试《四书》义三道，经义四道。《四书》主朱子《集注》，《易》主程（颐）《传》、朱子《本义》，《书》主蔡（沈）氏《传》及古注疏，《诗》主朱子《集传》，《春秋》主《左氏》、《公羊》、《谷梁》三传，及胡安国、张洽《传》，《礼记》主古注疏。……其文略仿宋经义，然代古人语气为之，体用排偶，谓之"八股"，通谓之"制义"。这里提到的蔡沈是朱熹的学生，可见，考试所指定的参考书，基本都出自程朱一派学者之手。而且，这是首次明确规定以"八股文"的文体答卷，此后一直到清末废除科举考试，八股文一直是标准应试文体。

永乐皇帝即位后，又组织学者编纂了《四书大全》《五经大全》《性理大全》三部官书，以达到对理学统一认识的目的。

在《四书大全》一书的《凡例》中称，所引用的先儒的学说达106家之多，但其中绝大多数都是出自程朱一系的学者，而以朱熹的学生及后学为最多。《性理大全》一书卷首列出的先儒共有120多人，属于程朱理学的学者占到一半以上。由此可见，所谓的"大全"，实际上是程朱理学的"大全"，目的是为了树立程朱理学在理学中的正统地位。从此，程朱理学成为官方意识形态。

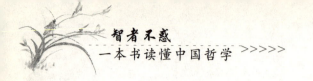

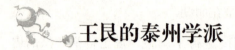

王艮的泰州学派

    在程朱理学成为呆板的官方教条之后，明代理学发展的活力开始逐渐转移到王守仁为代表的心学上来。心学在明代的流行当然是有着多方面原因的，但作为将理学意识形态化和教条化的官方行为的一种民间反动，应该是很重要的原因之一。

    王守仁去世后不久，其门徒内部就已经是派系林立了，其中最为极端的学派也是影响最大的学派应首推泰州学派。史上有这样说法："阳明先生之学，有泰州、龙溪而风行天下，亦因泰州、龙溪而渐失其传。"

    泰州指王阳明的门徒王艮创立的泰州学派，龙溪指王阳明高足王畿，阳明心学因泰州、龙溪的发挥与到处传播而大受推崇，但是又因这些学派与人物的思想已超出儒学的范畴而使阳明心学走向了反面。其中，李贽、黄宗羲的思想即体现了这一趋向。

    王艮（1483 年—1541 年），本名王银，师从于王守仁之后，王守仁为他改名为王艮，字汝止，号心斋。王艮家世代为盐户，他 11 岁时因家贫失学，开始跟着父兄一起干活；19 岁开始经商；25 岁，因为在山东拜谒孔庙，才立志求学；直到 37 岁时拜王守仁为师，潜心学习。

在王守仁去世后，王艮返回家乡，自立门户，讲学授徒，开创了泰州学派。

泰州学派的学者们的思想虽然不尽相同，但他们却都认为，儒家理想中的圣贤并不是可望而不可即的偶像，而是每个人都可以通过学习而达到的目标，就是社会最下层的农民、商人、工人也都不例外。学习的目的就是要使自己成为圣贤一样的人物。而每个人先天都具有成为圣贤的潜质，通过学习都可以做到这一点。他们甚至提出，对儒家的经典也不应该盲目信从，而是应该用自己的心去体悟、去印证，甚至孔子的话也不全是真理，不能完全用孔子的话来作为评判是非的标准，就是不能"咸以孔子之是非为是非"。显然，这种思想在当时已经有离经叛道之嫌了。因此，泰州学派的学者们大多受到过当权者的迫害，甚至被捕入狱、惨遭拷打。

在程朱理学成为科举考试的标准答案，越来越多的读书人仅将理学视为通过科举考试进入官场的敲门砖时，应该说，泰州学派的这些主张是具有特殊意义的。他们这种偏激的思想主张，其目的恰恰是要保持儒学的活力，避免使之成为空洞僵化的教条。

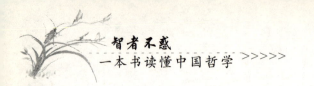

"离经叛道"的李贽

李贽的思想比王艮还要偏激。他旗帜鲜明地批判理学，并表现出对孔圣人的不尊。

李贽（1527年—1602年），号卓君，福建泉州晋江县人，祖上几代都从事海上贸易。

李贽自小聪明过人，悟性极高，26岁那年考中了福建乡试的举人，30岁开始做官，先后做了20多年的官，但是他当的都是公务不少、薪水不多的小官。他51岁的时候，从南京刑部员外郎调任云南姚安知府。知府可是捞钱的官职，然而李贽并不想发财，他只想在知府任内积攒些钱，日后为自己潜心治学做些准备。可是由于李贽为官清正廉洁，三年知府下来仍是两袖清风，只积攒了几卷图书而已，因而生活十分贫困，两个女儿因为饥荒饿死，祖父、祖母死了50多年，因为买不起一块地，一直没有安葬。岳母双目失明，思念女儿，他却没钱让妻子回家探望母亲。穷困的生活中，他认清了封建统治的黑暗，困苦的生活也磨炼了李贽不怕苦、不怕穷、一心追求真理的锐气。

李贽在北京做礼部司务的时候，就和泰州学派的学者赵大洲往来密切，在云南的时候，拜王艮的儿子王襞为师，钻研泰州学派的思想著作，因而也成为泰州学派杰出的学者。

二十多年的坎坷仕途和官场的生活，使李贽认清了明朝政治的黑暗腐败，看清了道学先生们言行不一的丑恶嘴脸，因而他要反对，要抗争，要揭穿道学家的本质，于是便揭起了反封建反理学的大旗，因而也被作为"妖人"抓起来，进行迫害。

李贽厌恶封建官场的生活，从云南回来后就决心回老家。他来到湖北黄安的朋友耿定理家里居住，教耿家的几个孩子读书。他决心让孩子发挥自己的聪明才智，不再用封建道学思想来束缚孩子天真活泼的本性。然而耿定理的哥哥耿定向是个道学家，自然不同意李贽的意见，两个人便发生了矛盾。

泰州学派著名的学者何心隐，是耿定向的一位朋友。统治者们因为他宣传反封建的思想逮捕了他，并且要杀死他。当地数万人为他鸣冤叫屈，然而作为何心隐的朋友耿定向，为了保住自己的乌纱，虽有能力相救却置朋友的生死于不顾。李贽亲眼看到这位道学官僚的丑行，看透了这位伪君子的本质，在朋友耿定理死后，把妻子送回老家，自己也愤然离开耿家，来到黄安领县麻城县龙湖上的芝佛院，剃发独居，潜心治学。在这里他多次写信揭露耿定向言行不一的虚伪本质，信中说："你和一般人一样买田置地，读书求官，遍寻天下好风水宝地以求子孙免灾得福，那都是为自己打算，没有一点替别人着想。可是一开口谈道学便满腹经纶，口口声声为别人着想。你的言行连一般百姓都不如，我劝你以后不要再说假话了。"

明万历十八年（1590 年），李贽写了《焚书》这本名著，很快便流行于世。这本书讽刺、挖苦、揭露了一批像耿定向一样的封建道家的丑

恶嘴脸。耿定向等人看了《焚书》怒火中烧，就发动一批道学门徒向李贽发起攻击，说他是"妖人""妖言惑众""蓄意谋反"，然而李贽并不害怕，坚持自己的立场。随后又写了《藏书》，书中提出了自己反道学的独到见解，把孔子说成是满口仁义道德、满腹压迫人民的经纶，认为宋朝的程颐、朱熹等人只是些靠说假话骗人的人。这些人都是应该被从历史上除掉的人。李贽是历史上第一个大胆向孔子挑战的思想家。

与此同时，封建统治者对李贽的迫害更厉害了，他们对已经74岁高龄的李贽加上"有伤风化"的罪名，扬言要把他居住的芝佛院削为平地。李贽听到这个消息便在朋友的保护下逃到通州（今北京通县）。

但是封建势力强大，耳目众多，李贽来到通州，陷害也跟踪而来，说他攻击朝中大臣，谋图造反，皇帝便下令逮捕他。

李贽来到通州时已经病了，入狱后病情更为严重，他决心以死与封建统治斗争，来坚持他自己的理论，写下了"我今不死更待何，愿早一时归黄泉"的诗句，表达决心。

万历三十年（1602年）三月十五日，李贽喊人给他剃头，剃完头便趁别人不注意，拿起剃刀自刎而死，终年75岁。

李贽是中国古代充满叛逆精神的思想家。他对当时居于官学地位的程朱理学抨击得不遗余力。在《童心说》中，李贽提出，童心是最纯最真的，是人的本心。如果失去了童心，那便失去了真心；失去真心，便不是真人。由此出发，李贽对当时的那些所谓的道学家进行了批判，认为他们的穿着虽然很儒雅，但实际上行为和狗没什么区别，嘴上谈论着道德，实际上心中却想着功名利禄。他们都是伪君子，仁义道德不过是掩盖他们卑鄙龌龊的假面具。

王守仁的心学与程朱理学之间的分歧，还只是理学不同学派之间的差异，而不同学派间的论辩与争鸣，正是理学活力的源泉之一。泰州学派已经走向了对程朱理学的否定，连带着也包含对理学官学地位的否定。而到了李贽这里，就已经发展为对理学整体上的全面否定了。从心学到泰州学派，再到李贽，我们可以清晰地看出一条逐渐与理学决裂的思想界对理学的反动之路。

当理学成为官学并因而日益教条化之后，不仅存在着上述源于理学的对理学的反动，作为对理学的另一种反动，思想界还兴起了理学之外的其他学派。

 ## 注重考据的乾嘉学派

理学是在否定汉代对儒家经典的注疏之学的基础上发展起来的，至清代，作为对理学的一种反动，出现了提倡复兴汉代注疏之学的学派，此学派因而被称为"汉学"。由于其研究经典的方法主要是考据法，也被称为考据学派。因其在清代的乾隆、嘉庆两朝达于极盛，也被称为乾嘉学派，或乾嘉考据学。因为其治学的风格朴实无华，也被称为朴学。

乾嘉考据学继承了古代经学家考据训诂的方法并加以发展，在以

此方法研究经学以外，还扩及史学等其他领域，无论在经学、史学、音韵、文字、训诂，还是在金石、地理、天文、历法、数学等方面都成就斐然。

乾嘉考据学又可以分为吴派和皖派。

吴派治学的方法，重在收集汉儒的经学，其考据的落脚点在于回到汉代经学的学说中去，认为汉代"近古"，汉儒治学守家法，不以自己的臆想妄加引申，因而是最可凭信的。与汉代的注疏之学一样，吴派也重视研究名物训诂、典章制度。皖派则不盲从汉儒，治学特点是从文字、音韵入手，来分析古书的内容和含义。相比而言，皖派更重视思想和理论。

吴派，因创始人惠栋是江苏吴县（今江苏苏州）人而得名。

惠栋（1697 年—1758 年），字定宇，号松崖，学者称小红豆先生。他是乾嘉年间第一位公开打出汉学旗帜和宋学对立的学者。

惠栋祖父惠周惕，父亲惠士奇皆治《易》学，惠栋继承了家学传统，自幼博览群书，经、史、子、集以及佛、道等书无所不看。1720 年，惠士奇任广东学政，惠栋随父前往，停留于广东数载。期间与有惠门四子之称的罗天尺、何梦瑶、陈海、苏珥探讨学问，切磋经学。1737 年惠士奇被任命为翰林院侍读，但因年老体衰，于 1741 年去世，不久惠栋母也随之去世。父母双亡使得惠栋的家境更加败落。但是惠栋并没有因为艰辛的生活而放弃治学，中年时以收徒教书维持生计。

1744 年，已经 48 岁的惠栋参加乡试，但是因为考试时用《汉书》而不是《四书集注》立论，被考官废除了他的考试资格。自此，惠栋对科举失望之至。此后，惠栋曾前往扬州担任两淮盐运使卢见曾的幕僚，帮助卢见曾刊印《雅雨堂丛书》，并为其作序。1758 年，惠栋返回

故乡，同年 5 月去世。

惠栋除了对考据学的贡献之外，思想方面还提倡通经致用，并对理学进行激烈的批判。

吴派著名的学者还有江声、江藩、王鸣盛。

江声（1721 年—1799 年），原籍安徽休宁，侨寓江苏元和（今吴县）。少年时江声和兄长江筠一起读《尚书》时，对古今文不同感到奇怪，并怀疑《孔传》不是孔安国所作。35 岁起，师从惠栋，于经学、文字学均有建树。41 岁时读惠栋所著《古文尚书考》以及阎若璩的《古文尚书疏证》后，认为梅赜所献《古文尚书》系伪造，并旁征博引，作《尚书集注音疏》，更正了秦人隶书以及唐开元石经改易古字的错误，在文字训诂学方面做出了巨大的贡献。1796 年，朝廷诏令开孝廉科，江苏巡抚举荐江声，赐六品顶戴。

江藩（1761 年—1831 年），字子屏，号郑堂，晚年号节甫，江苏甘泉（今江苏扬州）人。因其父江起栋到吴县经商，江藩是在吴县出生的。江藩师从江声学习七经、三史及许慎的《说文解字》。他家境富有，藏书总计三万余卷。但在江藩 26 岁时，江南大灾，再加上父亲去世，家道中落，江藩不得不以书易米。1791 年以后，江藩多次参加科举考试，却始终名落孙山。1818 年，受两广总督阮元之邀，南下广东，协助修《广东通志》，并在阮元的帮助下刊印了自己的著作《汉学师承记》及《经师经义目录》。晚年的江藩生活极其艰难，差点流落街头。1829 年，已是风烛残年的江藩回归故里，于 1831 年去世。江藩的《汉学师承记》正式宣布汉学是清代学术的主流，是第一次系统地建立清代经学系谱的尝试。

王鸣盛（1722 年—1797 年），字凤喈，一字礼堂，别号西庄，晚年改号为西沚，江苏嘉定（今上海）人，著有《十七史商榷》。王鸣盛自幼被称为神童。17 岁时补为县学生。乡试中副榜，并进入苏州紫阳书院就读。1754 年，以一甲第二名成绩中进士，为翰林院编修。1759 年被任命为福建乡试主考官，并选为内阁学士兼礼部侍郎。1763 年，母亲去世，王鸣盛遂辞官，移居苏州，从此闭门读书，专心学术研究，直到去世。

王鸣盛提出了以求真为目的的治史宗旨，主张实证的治史方法，并全面运用各种校勘方法校勘史籍，同时还注意探讨史籍致误原由，并归纳总结出"误例"，以供后人参考。

他反对孔子的"《春秋》笔削大义微言"和宋明理学家的"驰骋议论，以明法戒"的传统。

考据学中的皖派，因创始人戴震是安徽人而得名。

戴震（1723 年—1777 年），字东源，号杲溪，安徽徽州休宁隆阜（今安徽黄山市）人。

戴震出生在腊月，但是出生之时，竟是雷声震天，因此其父戴弁为其取名为震。戴震自幼聪明伶俐，看书常常有自己的思考。十多岁时，读《大学章句》，问其私塾老师，为何知道"孔子之言而曾子述之""曾子之意而门人记之"?老师回答道，是朱熹所说。戴震反问道，周朝至宋有 2000 年之久，朱熹是怎样知道这些事的?老师被问得哑口无言。

18 岁随父亲客于江西南丰，开始依靠教书维持生计。两年后，回到家乡，教书之时，坚持研究学问，在天文、历史、地理、数学等方面都有相当深的造诣。虽然戴震学术造诣很高，但在科场上却不是那么顺利，29 岁始中秀才，40 岁才中乡试举人，会试连续六次不中。

1773 年《四库全书》开馆编书，戴震破格被提升为纂修官。直到 1775 年，53 岁的戴震通过朝廷拣选会试下第举人，特命参加殿试，赐同进士出身，授翰林院庶吉士，两年后病逝。

戴震批判理学的"存天理，灭人欲"思想，对晚清思想界产生了深远的影响，他被梁启超和胡适称为中国近代科学界的先驱者。

皖派著名的学者还有段玉裁和王念孙、王引之父子。

段玉裁（1735 年—1815 年），字若膺，号懋堂，晚年又号砚北居士、长塘湖居士、侨吴老人，江苏金坛人。

段玉裁 25 岁中举，在国子监担任教习，多次参加会试，皆不中。1770 年以后，做过几任地方上的小官。58 岁时移居苏州阊门外之枝园，次年不幸摔坏右腿，从此残疾。1815 年 9 月，在贫病交加中去世。

段玉裁师从戴震，研究文字训诂音韵之学，代表作是其用了近 30 年时间写成的《说文解字注》。《说文解字注》将考订文字、声音、训诂三方面的价值阐发得淋漓尽致，并提出许多研究词义的方法，对汉语训诂学的发展开拓了新的内容和新的门径，这标志着中国语言研究已进入近代语言的革命阶段，是一个划时代的里程碑。

王念孙（1744 年—1832 年），字怀祖，江苏高邮人。王念孙生平笃守经训，个性正直，好古精审，当时与钱大昕、邵晋涵、卢文弨、刘台拱并称为"五君子"。

王念孙自小师从戴震。1757 年其父去世后，王念孙返回故乡高邮，边研究学问，边参加科举考试；直到 1775 年，考中殿试二甲第七名，任翰林院庶吉士；此后相继担任工部主事、工部郎中、陕西道御史、吏科给事中、山东运河道、直隶永定河道等官职。1810 年罢职后，他在北京安度晚年，以读书为乐，1832 年卒于北京寓所，终年 89 岁。代

表作《广雅疏证》，对中国古代训诂学的发展做出了很大的贡献。此外，王念孙古籍校勘方面也颇多建树，

王引之（1766年—1834年），字伯申，号曼卿，江苏高邮人，王念孙长子，父子两人并称"高邮二王"。1799年，王引之考中一甲第三名进士，授翰林院编修；历任河南学政、山东学政、礼部侍郎、尚书等职。

王引之继承家学，专门研究音韵、文字、训诂之学。他在校勘方面的主要贡献有：以小学校勘经学，即用声音、文学、训诂之学来校经学，校古籍；以形成虚词学、语法学的初步理念来校勘，王引之将其父关于虚词学和词章学的理论进一步发展，提出了科学阐述的校勘理念；用近代的实验方法来进行校勘，王引之将西方传入的科学用到校勘学上，富有创造精神。

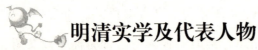

明清实学及代表人物

经世致用、内圣外王原本就是儒家学说的重要内涵之一，但是，随着义理之学具有越来越浓重的哲学色彩，与现实政治脱节，提倡经世致用的实学就渐渐从占主流的理学大潮中分离出来，成为独立的学派。

早在理学风行于思想界的南宋，就已经出现了强调实学的学派，因为主要流行于浙江东部，所以学界通常称之为浙东事功学派。而浙东事功学派的思想渊源，甚至可以上溯至北宋初年理学兴起之时的胡瑗、范仲淹、欧阳修、王安石等人的思想学说。

与北宋强调外王、经世的那些思想家一样，南宋的浙东事功学派，在政治上主张革除弊政，实行改革；在军事上主张抗击外族入侵，反对妥协求和；在经济上主张扶持商人，反对重农抑商；在学术上反对空谈所谓的性命义理，强调研究经世致用之学。在当时，他们对于朱熹的理学、陆九渊的心学，都是持批判态度的。

浙东事功学派的代表，主要是以陈亮为代表的永康学派和以叶适为代表的永嘉学派。

陈亮（1143 年—1194 年），字同甫，亦作同父，号龙川，婺州永康（今浙江永康）人。陈亮在年轻时代就喜欢谈论军事问题，他坚决反对同金朝议和，主张坚持抗金。1169 年，曾先后五次上疏宋孝宗，要求改革弊政，对金朝复仇，并批评当时读书人中流行空谈性命义理的风气，却未被采纳。

陈亮的一生十分坎坷，屡遭奸人陷害，三次下狱。1193 年考中状元，授建康军节度判官公事，但还没来得及赴任，就病死于家中。

陈亮与朱熹、陆九渊是同时代人，但对于二者的学问皆不感兴趣。他倡导实事实效，从不讳言功利，并以功利作为自己理论的出发点。陈亮强调，理和欲是统一的，不可分割的，正如同人们无法离开物质条件来生活一样，功利和道德也是统一而不可分割的。从功利的原则出发，"事功"即对国家社会是否做出了贡献，应该作为评价历史人物的主要标准。

永嘉学派的创始人是薛季宣，经陈傅良的继承和发展，到叶适成为集大成者。

叶适（1150年—1223年），字正则，温州永嘉（今浙江温州市）人，中年以后定居永嘉城郊的水心村，因此被称为水心先生。

叶适于1178年中进士第二名，也就是俗称的榜眼，曾任平汀节度推官、知蕲州、吏部侍郎、太常博士、国子司业、显谟阁学士等职。叶适因积极支持韩侂胄的北伐，在韩侂胄被杀后，叶适也被免官。以后叶适回到家乡，专心从事著述和讲学。

叶适强调研究现实问题，所以在土地、货币、税收、工商、兵制、北伐、官制、吏治等许多问题上，都发表了建设性意见。叶适认为，传统儒家强调义利之辨，实际上，义不可以离开利，应该以利和义，不应该以义抑利，就是说，应该将两者统一起来，而不应该将两者对立起来。在叶适看来，仁义的价值也必须通过功利才能够得到体现，没有功利，仁义也就成了没有内容的空话。

王守仁去世以后，心学越来越趋于禅化，作为对空谈心性的理学的反动，明代中期以后，提倡实学开始成为思想界的一个新的动向。至明朝末期，以东林学派为代表，提倡实学成为思想界最重要的新思潮。

以顾宪成、高攀龙为代表的东林派学者认为，"平时袖手谈心性，临危一死报君王"的理学家们，是"以学术杀天下"。高攀龙甚至提出："学问通不得百姓日用，便不是学问。"作为自民间兴起的新思潮，实学派一开始就与官方、权贵持对立的态度，要求对朝政进行改革，并在政治、经济、学术、文化等方面提出了自己的一系列主张。最具代表性的学者，就是被后世称为明末清初三大思想家的黄宗羲、顾炎武和王夫之。

黄宗羲（1610 年—1695 年），字太冲，号南雷，又号梨洲，也被学者们称为梨洲先生，浙江余姚人。年轻时投身于士林与阉党的斗争，在南明小朝廷时，黄宗羲与其同学共计 140 人联名写了《南都防乱揭》，痛斥阉党马士英和阮大铖的罪行，因而遭到追捕，差一点儿被杀。清军入关后，黄宗羲在家乡集合子弟数百人，组成"世忠营"从事抗清活动。后来又随鲁王监国起事舟山海上，坚持抗清。反清斗争最终失败后，黄宗羲随母亲返回家乡，此后潜心著述。主要著作有《明儒学案》《明夷待访录》等。

黄宗羲的思想中，最重要的是民本主义思想。黄宗羲视君主制为社会发展的障碍，认为专制君主是"天下之大害"，因此，他提出了一系列削弱和限制君主专制的方法。正是这种思想，使黄宗羲被当代学者誉为中国启蒙思想之父。黄宗羲反对一直以来的重农抑商的传统，提出了工商皆本的主张。他主张将学校发展为议政机关，提出废除科举考试，全面地选举各个领域的人才，以经世致用的教育思想对之进行培养，使其学以致用。

明末清初的另一位著名思想家顾炎武，不论是人生经历还是思想，都与黄宗羲有相似之处。

顾炎武（1613 年—1682 年），原名绛，字忠清，江苏昆山人。明亡后，改名炎武，字宁人。后因仇家揭发，为避灾祸，化名隐居，学者尊称他为亭林先生。

在 27 岁科举考试失利后，顾炎武退而读书，着手收集古代史书中有关地理沿革的记载，并对当时的社会经济生活进行深入调查，开始转向实学之路。清兵入关后，顾炎武曾出任南明兵部司务，在太湖一带参加了反清起义和昆山保卫战。此后十余年间，一直在南京、苏州

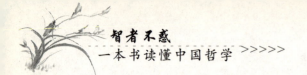

及太湖沿岸各地奔波，从事反清复明事业。1655 年以后，顾炎武为避祸北上，并考察中国北部山川形势，以图光复明朝的大业。其间，曾因受陷害入狱七个月。其对各地的考察和游历一直持续到其去世前不久，主要著作有《日知录》《天下郡国利病书》等。顾炎武指责理学家不学六艺，一味地空谈心性，脱离实际，导致了士人置国家大事于不顾，并认为心学并不是儒家正统，不符合孔孟的言论，实际上和老庄、禅学没什么区别。对心学和程朱理学进行批判后，顾炎武继而提出用经学来取代理学的主张，认为经学就是理学，真正的古代理学应当是风格朴实、注重务实的经学，应提倡学以致用，将学术研究同解决现实问题联系起来。

顾炎武经世致用的思想主要表现在他的读书和实地考察两方面。顾炎武 14 岁以前，已经阅遍《左传》《国语》《战国策》《史记》《资治通鉴》等书，科举失败后，又大量收集古代史书中有关地理沿革的材料。另外，有关天文、地理、国计民生的书籍没有他不读的。在阅读书籍，掌握二手资料的基础上，顾炎武在抗清失败后，又遍访中国北部山川，实地考察各地的风土民生。在著述时，他用大量的史料和实地考察的资料进行佐证，希望能对现实民生问题的改善起到借鉴作用。

黄宗羲、顾炎武等学者的实学思想，对清代具有比较大的影响，在清代提倡这种主张的，我们至少还可以举出颜元、章学诚和阮元。

颜元（1635 年—1704 年），字易直，又字浑然，号习斋，清代直隶博野（今河北安国县）人。颜元幼年时父亲从军、战亡，母亲改嫁。他 8 岁时跟随吴洞云学习，吴洞云能骑、射、剑、戟，精战守机宜，通医术，又长于术数。因此，颜元从小所受的教育和锻炼就比较全面，并且与当时流行的理学家的培养模式完全不同。从 11 岁开始，颜元学习八股文，并在 19 岁时考上了秀才，但是他对此却不是很喜欢。21 岁时读司马光的《资治通鉴》后，便放弃了八股，从此无意于仕途，一生也没有做过官。

颜元 22 岁开始学医，24 岁开始设私塾，教授学生，并同时治病救人。在此期间，颜元开始接触到陆九渊、王阳明的语录，并对心学和程朱理学都极为喜欢。颜元 34 岁时，祖母病逝，颜元按照朱熹的《文公家礼》中的要求为祖母守丧，结果搞得连病带饿，几乎病死。颜元从此走上了批判理学、主张恢复周孔之道的道路，并提出自己的实学思想。

颜元在 62 岁时，在肥乡漳南书院任主讲，一反当时的学制，设立文事、武备、经史、艺能等科，拟培养全面的实用人才。八年后，颜元去世，其弟子李塨继续传播他的学问。后人用两人的姓氏，称这一实学的学派为颜李学派。

章学诚（1738 年—1801 年），字实斋，号少岩，浙江会稽（今浙江绍兴）人。

章学诚 20 岁后，博览群书，尤其是史书，并有独到的见解。此后，数次参加科举考试，皆未考中。从 32 岁起，因父亡而只能依靠讲学和修志所得费用维持生活，到处颠沛流离，生活十分拮据。41 岁时中进士，但章学诚认为自己不合时俗，不愿意做官，只是在保定、定州、归德等地的书院讲学，以维持生计。

章学诚学识渊博，对历史学有特殊贡献，提出"六经皆史"的命题，其最著名的著作为《文史通义》。章学诚反对漫无目的的考索和空谈义理，强调学术研究要和实际情况联系在一起。

阮元（1764 年—1849 年），字伯元，号云台，江苏仪征人。阮元

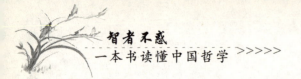

生于官宦世家，接受了良好的教育。1789 年阮元考中进士，在翰林院任庶吉士，因得到乾隆皇帝的赏识而升任少詹事，自此平步青云，先后任提督山东学政、浙江学政、户部左侍郎、浙江巡抚等职。

1814 年任江西巡抚，因捕治逆匪胡秉耀有功，加太子少保。1817 年任两广总督，建议查禁鸦片。后迁任云贵总督。1835 年回朝，拜体仁阁大学士，管理刑部。1838 年因年老多病，上书请求返回扬州定居，得到道光皇帝的批准，给半俸，加太子太保衔。1849 年死于扬州康山私宅，谥文达，享年 86 岁。

阮元继承了清初以来的实学思想，以实事求是作为自己的治学宗旨。不仅在学术上反对空谈心性，提倡文字训诂、考辨义理，恢复经典原貌，而且还强调学术和实践的统一，主张要多关注"家国天下之事"。

清末，实学传统渐渐与了解世界的新思想相结合，成为近代中国学习西方进行改革的先声。而在此过程中，西学东渐对中国实学的发展无疑起到了促进作用。

第十四章

近现代：西学东渐

　　鸦片战争以后，中国步入近代社会。面对内忧外患，学者们开始了反思和探索的漫长历程，出现了新学思潮。甲午战争后，严复系统介绍西学，尤其是进化论思想；康有为提出"援西入儒"，试图复兴儒学；谭嗣同结合西学和佛学理论，总结出"仁学"思想。王国维汲取叔本华、尼采的思想，运用西方理论研究中国经典。

魏源与《海国图志》

  魏源性情沉默寡言，喜欢独自静坐思考，读书非常用功，十七岁时在县里已经出了名。后在北京做文书官，更是读了许多书。就在这时，他结识了林则徐。后来林则徐到广州禁烟，他十分佩服，认为这样的人是保卫国家的"长城"。清政府将林则徐撤职后，魏源心里又难过又气愤，认为这简直是自毁长城。

  1841 年 8 月，林则徐被发配到新疆去，途经京口（今镇江）。当时魏源正住在扬州，得到消息，特意到京口码头去接林则徐。魏源把林则徐接到自己住处，两人畅谈起国事来。谈到林则徐被发配的事时，魏源感叹地说："林公，一年来仗打成这个样子，真是令人气愤！朝廷中当权的人，在洋人进攻前不作准备，洋人来进攻时又措手不及，这算是什么保卫国家的方针?!"

  林则徐更是感慨万分地说："在广东的这番经历使我感到，洋人能够打败我们，原因是船坚炮利；我们要战胜洋人，一定要了解洋人。'知己知彼，百战不殆'，这个道理古人早就说过啦!"

  林则徐说罢，从行囊中取出一个布包交给魏源，说："我在广东时，曾派人从海外书报上翻译了许多材料。现在我要去新疆了，不知哪一天才能回来，这些材料就交给你吧。望你能用这些材料写出一本介绍海外情况的书，使国人广开眼界，懂得怎样才能抵抗洋人！"

魏源打开布包，粗粗地翻阅一下，见其中有根据英国人《世界地理大全》编译的《四洲志》；有英国人写的《中国人》一书的摘译，取名为《华事夷言》；还有根据瑞士人著作翻译的《各国律例》，他爱不释手，当即表示，决不辜负林则徐的期望，一定把书写出来。

1843 年年初，魏源终于完成了以悉夷、师夷、振兴武备为核心思想的《海国图志》五十卷本。该书不仅介绍了五大洲几十个国家的历史、地理、政治、经济、军事、文化和科技，而且认真总结了鸦片战争的经验教训，更深刻更系统地阐述了他的军事思想。

《海国图志》是鸦片战争失败后中国先进分子了解和认识西方的第一部百科全书式的宝贵典籍。当时的中国人通过《海国图志》这一望远镜，开眼看世界，既看到了西洋的"坚船利炮"，又看到了欧洲国家的商业、铁路交通、学校等情况，使中国人跨出了"国界"，认识近代世界的新鲜事物。他追溯中华民族悠久的历史和科学技术的辉煌成就，充分肯定中国人民的聪明才智，满怀信心地指出，只要具有奋发图强的精神，认真学习外国的先进技术，就会风气日开，智慧日出，使落后的中国变成与西方国家并驾齐驱的东方强国，从而有效地抵御外国侵略者。他的这些铿锵有力的言辞，激励着人们满怀信心地为富国强兵而进行坚持不懈的斗争。

魏源对自己的这部作品寄予了极大的希望，他希望人们会如饥似渴地读它，研究它，通过这部书找到让国家富强的办法。让他意想不到的是，《海国图志》问世后却很少有人问津。据统计，当时国内有

绅士百万余人，有能力读此书的多达三百多万人，然而却很少有人认真地阅读和领会书中的深刻内涵。相反，许多守旧的朝廷官吏的骂声却扑面而来，他们无法接受书中对西方蛮夷的"赞美"之词，更有甚者主张将《海国图志》付之一炬。在腐败守旧的清政府眼中，《海国图志》无疑成了一本大逆不道的书籍；遭到无端非议的《海国图志》在国内的印刷数仅有千册左右。

《海国图志》直接影响了中国近代史上一大批爱国志士的思想，如王韬、康有为等。1851 年，《海国图志》传入日本。1854 年，日本翻译出版了《海国图志》六十卷本，许多迫切需要了解西方情况的日本思想家争相阅读，并把它奉为加强海防建设的经典著作。在后来日本的明治维新运动中，这部著作发挥了相当重要的作用。

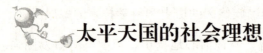

太平天国的社会理想

中国近代，由于人民对幸福生活的渴望，曾出现过三次空想社会主义思潮，第一次思潮的出现，就是太平天国的农业社会主义空想——天朝田亩制度。

洪秀全为了在人间建立一个人人平等、天下一家、共享太平的

"天国"，于 1853 年冬，颁布了《天朝田亩制度》。天朝田亩制度的中心内容是废除封建地主土地所有制。

土地是农民的命根子，所以洪秀全要废除封建地主土地所有制，均天下田给天下农民耕种，以实现"有田同耕，有饭同食，有衣同穿，有钱同使，无处不均匀，无人不饱暖"的人人平等的理想社会。这个天国理想的宏图，是他立国的纲领性文件。在中国农民战争史上，它第一次提出了解决土地问题的方案。太平天国《天朝田亩制度》的出现，不仅标志着农民战争发展的历史高峰，而且是近代中国农民阶级摸索救国救民道路的一次伟大尝试。

天朝田亩制度以解决农民土地问题为中心，涉及经济、政治、军事、文教和社会改革等方面的政策和措施。它把土地分为九等，好坏平均搭配。然后以户为单位，不分男女按人口平均分配。16 岁以上分全份，15 岁以下分半份。

它还绘制了一幅新型社会的蓝图，这就是以 25 家为基层单位，称为"两"。两个"两"，设"两司马"主持。每 5 家设"伍长"一人。每家出 1 人当兵为伍卒，"有警则首领统之为兵，杀敌捕贼，无事则首领督之为农。"

天朝田亩制度中的反封建精神，鼓舞着千百万农民群众，为推翻封建的土地制度而斗争。这在一定程度上满足了农民群众的经济政治要求。这样一来，减轻了农民的负担，发挥了他们的生产积极性，有的地区出现了"谷物丰收""农安物阜"的繁荣景象。

但是，要在个体劳动、分散经营、农业和手工业相结合的小农经济的基础上废除私有制，并绝对平均分配所有财物，这是一种空想。

轰轰烈烈的太平天国革命，由于它终究是一次没有先进阶级领导

的农民革命，在坚持长达 18 年的斗争之后，终于被中外反动派联合绞杀了。农业社会主义的理想宏图——天朝田亩制度，由于受时代和阶级的限制，尽管它受到广大农民的欢迎，喊出了农民对土地的渴望之声——只能成为一种乌托邦的空想。

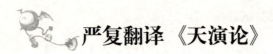

严复翻译《天演论》

严复（1853 年—1921 年），原名宗光，字又陵，后改名复，字几道，福建侯官人。少年时代，严复考入了家乡的船政学堂，接受了广泛的自然科学的教育。1877—1879 年，严复等被公派到英国留学，先入普茨茅斯大学，后转到格林威治海军学院。留学期间，严复对英国的社会政治发生兴趣，涉猎了大量资产阶级政治学术理论，并且尤为赞赏达尔文的进化论观点。回国后，严复从海军界转入思想界，积极倡导西学的启蒙教育，完成了著名的《天演论》的翻译工作。他的译著既区别于赫胥黎的原著，又不同于斯宾塞的普遍进化观。

在《天演论》中，严复以"物竞天择""适者生存"的生物进化理论阐发其救亡图存的观点，提倡鼓民力、开民智、新民德、自强自立、号召救亡图存。

《天演论》的翻译出版引起了很大的反响，进化论的传播影响了20世纪初一代知识分子的思想。康有为读到《天演论》译稿后，称赞严复是精通西学的第一人，并在《孔子改制考》中借鉴了进化论的历史观。梁启超也根据进化论的观点著文进行宣传。

《天演论》激发了人们的爱国热情。小学教师把它作为教材来教学生；中学老师更以"物竞天择，适者生存"作为题目，让学生写文章发表议论。在此后的十多年里，这本书出版了三十多种版本。

严复的著名译著还有亚当·斯密的《原富》、斯宾塞的《群学肄》、孟德斯鸠的《法意》等，他第一次把西方的古典经济学、政治学理论以及自然科学和哲学理论较为系统地引入中国，启蒙与教育了一代国人。

辛亥革命后，京师大学堂改名为北京大学。1912年严复受袁世凯之命担任北大校长之职，这也说明严复在思想界和学术界的令人信服的显赫地位。此时严复的中西文化比较观走向成熟，开始进入自身反省阶段，趋向对传统文化的复归。他担忧中国丧失本民族的"国种特性"会"如鱼之离水而处空，如蹩跛者之挟拐以行，如短于精神者之恃鸦片为发越，此谓之失其本性"，而"失其本性未能有久存者也"。出于这样一种对中华民族前途与命运的更深一层的忧虑，严复曾经试图将北京大学的文科与经学合而为一，完全用来治旧学，"用以保持吾国四五千载圣圣相传之纲纪彝伦道德文章于不坠。"

 章太炎 "尊孔读经"

　　章太炎（1869年—1936年），名炳麟，字枚叔，因仰慕清初学者顾炎武的人格，更名绛，号太炎，以号行于世，浙江余杭人。近代学者，思想家、经学家，近代资产阶级革命源的代表人物之一。

　　章太炎早年曾师从俞樾、黄以周、谭献等研习经学。后入康有为发起的强学会，参加维新运动。1897年至上海任《时务报》撰述。1903年撰《驳康有为论革命书》，反对维新而主张革命；同年6月发生"苏报案"，他遭捕入狱，被监禁三年。后流亡日本，参加孙中山的同盟会，与改良派进行论争，1910年任光复会正会长。辛亥革命后回国，曾任南京临时政府顾问。反对袁世凯复辟，曾参加护法军政府。晚年以讲学为主，提倡读经。在经学、语言文字学等研究领域成就卓著，成为近代最后一位古文经学大师。

　　章太炎早期的学术研究深受俞樾的影响，继承了乾嘉汉学的风格，主要精力用于语言文字和历史方面，从校订经书扩大到史籍和诸子，从解释经文扩大到考究历史、地理、天文历法、章律、典章制度的传统。这一时期他相继写出《膏兰室札记》《春秋左传读》等考证著作。开始他没有严格区别今古文，其《兰室札记》与《春秋左传读》中常有今文学家，甚至对今文学家所述的谶纬也表示理解，同时他也兼容宋学。从二十九岁起，章太炎"始分别古今文师说"，视《公羊》为"诡诞"，对康有为的《新学伪经考》批评为"恣肆"，而自称"私淑刘子骏"，这表明章太炎与今文经学立异。这一年，他作《春秋左传读》，在《序》《后序》《叙录》和《今广文辨义》《驳箴膏盲评》《驳箴膏评三书叙》等文中批评今文经学。在这些论述中，章太炎坚持认为《左传》不伪，丘明"亲见素王"，孔子作《春秋》，与丘明作《左传》，经传相辅相成，"孔子之旨，本行传见"，指出《左传》才能体现孔子作《春秋》的本意，而《公羊》迟于《左传》，得之"传闻"。

如何评价孔子和刘歆是章太炎与今文学家争论的焦点。孔子作为儒家的宗师，今古文学者都毫不例外地加以推崇，然而尊崇的角度不同，带来了理解的不同。今文学者认为孔子删定六经，借六经传"微言大义"为百世制法，所以视孔子为"托古改制"的政治家和哲学家。古文学者则据孔子自言"述而不作""信而好古"，视孔子为编订六经的史学家和授徒讲学的教育家。今文学者廖平甚至说"六经皆孔子所撰"，"尧舜汤武之治皆无其事"。章太炎批评廖平"欲极崇孔子"，不惜对有文可征的历史事实肆意歪曲，认为"尧、舜，周公适在前，而孔子适承其后，则不得不因其已成者以为学，其后亦不得不据此删刊以为群经"，因而"不得谓其中无前圣之成书"，从而肯定了孔子删定六经的学术价值和历史价值。

章太炎坚持"孔子是史学的宗师，并不是什么教主"的观点，是针对康有为立孔子为"教主"成立"孔教会"而发的。至于刘歆，一

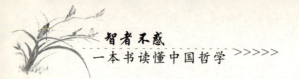

直受到今文学者的攻击，而章太炎自称是"刘子骏之绍述者"。他指出："刘向父子总结《七略》，入者出之，出者入之，穷其原始，极其短长，此即与正考父、孔子何异？"刘向、刘歆父子在以董仲舒为代表的今文经学独尊的汉代，积极从事旧籍的整理，古文也得到了清理，尤其是刘歆研究《左传》，并引《左传》解释《春秋》，使人们对文字简单隐晦的《春秋》有了接近正确的理解。因此，章太炎推崇刘歆的学术研究，实际上是基于古文经学的立场。

章太炎的经学研究，兴趣在于《春秋》，自变法运动夭折直至辛亥革命从日本归来，十余年间"独抱《春秋》"。章太炎研究《春秋》一方面是"夷夏之辨"，另一方面也有现实政治的需要，那就是批驳康有为、皮锡瑞等鼓吹"孔子改制"说，为现实政治服务。他认为东汉经学家郑玄定《王制》成书于周赧王之后，是"暧昧"不确之论，认为《王制》出自"汉文帝时使博士刺六经为之"；他运用乾嘉汉学家考证的方法，指出《周礼》三百六十官，是官号而非只三百六十人，同一官号"有正有二有考"。章太炎对《王制》制作的批评，对《周礼》的考证，表面是学术之争，实质是驳斥今文学者力主《王制》为孔子改制的根据，借孔子以言"改制"立宪。因此，章太炎研究《春秋》，是汲取《春秋》中的思想材料，阐发自己的政治思想。

章太炎的经学研究，除《春秋》之外，对《周易》也有论述，如他认为"《易》当殷末，故事状不及周世"，并根据《易》传中"易之兴也，其于中古乎"，断定《周易》的作者"为文王则明矣"。这显然是针对今文学者视《周易》为孔子所作的观点研发。此外，章太炎对《礼》也有研究，尤其是对《丧服》花了很大的功夫，章太炎对《周易》与《礼》经的研究，虽也夹杂着他对现实社会的理解，然而与

《春秋》研究相比较，则已明显远离激烈的现实政治斗争，几为纯学术的研究。

晚年的章太炎不满于五四新文化运动所倡导的内容，潜心经学研究，公开提倡"尊孔读经"，在苏州主持"章氏国学讲习会"，再度走上了当年研究古文经学的老路。

谭嗣同著《仁学》

谭嗣同是一位启蒙思想家，他将佛学、西学和王夫之、黄宗羲等人的思想，以及过去学到的儒家、墨家等学说，杂糅在一起，于1897年完成了五万字的《仁学》一书。《仁学》抨击封建专制制度和封建的纲常名教，以宣传资产阶级民主思想及反清思想为核心，全面地展示了谭嗣同关于哲学、社会政治、民主及反清思想等方面的思想。

远在数千年以前的古希腊，毕达哥拉斯派提出了"以太"这一概念。19世纪中叶，英国物理学家麦克斯韦创立电磁理论时，曾假定"以太"是一种传导电、光、热、磁的媒质，并用以说明物质的相互关系与物质运动的连续性。不久，严复和英国传教士傅兰雅把"以太"的概念传到中国。谭嗣同从中国古代哲学中找出"仁"这个伦理学范

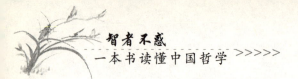

畴，加以改造，拿来与"以太"相配合，以自然规律来解释客观世界的复杂现象。他认为世界上各种现象的关联、变化、结合与依存，都是"以太"的作用，并且把"以太"这种沟通世界成为一个整体的作用称作"仁"，而"仁为天地万物的本源"，所以把这种学问叫作"仁学"。

谭嗣同力图说明"以太"是不生不灭的、永存的，这种不生不灭的存在是不受任何超自然的神秘力量所主宰的。而是随着"以太"不间断地运动和转换而处于日新的状态中。"以太"遵循一定的规律运动，整个宇宙也就以此方式永恒地存在下去。

谭嗣同对"以太"的研究是建立在他对西方科学知识的了解基础上进行的。虽然，他对光热电磁的知识十分贫乏，还没有借助科学器仪的实验进行研究，但是却为他在社会政治方面提出冲击封建网罗提供了哲学依据。

谭嗣同的哲学思想和社会政治思想是紧密联系的。他提出了一个达到理想社会的途径：仁—通—平等。他认为可以用这一命题来考察和衡量一切的社会问题。"通"就是去掉界限。"仁"的第一个根本要求就是要铲除君臣、父子、夫妇、男女、长幼等的界限，使他们均处于平等的地位、享有平等的权利。但是，中国几千年的历史都是在"君为臣纲、父为子纲、夫为妻纲""仁、义、礼、智、信"等以维护封建专制君权为核心的伦理道德的重压之下，封建帝王正是借此作为禁锢人们思想，束缚人们行为的道德准则和行为规范，使人们俯首帖耳地接受统治，维系封建王朝的长治久安。为了建立理想的社会，谭嗣同放达地发出了"冲破封建网罗"的呐喊。

谭嗣同对封建专制制度和封建意识形态的批判，不仅其深刻性和彻底性远远地超过中国历代和同时代的思想家，而且这一批判所具有的理论性、系统性和所表现出来的勇敢无畏的精神达到了那一时代的最高水平。在谭嗣同的心中，对祖国的热爱和对封建专制制度及封建意识形态的痛恨紧紧地交织在一起，像积压在火山之下的岩浆，奔腾而泻：初当冲决利禄之网罗，次冲决俗学若考据、若词章之网罗，次冲决全球群学之网罗，次冲决君主之网罗，次冲决伦常之网罗，次冲决天之网罗，次冲决全球群教之网罗，终将冲决佛法之网罗。然真能冲决，亦自无网罗，真无网罗，乃可言冲决。故冲决网罗者，即是未尝冲决网罗。在这里，封建的君主制度、奴役人的伦理道德、烦琐无用的考证写作诗文、佛教的各种宗教都被谭嗣同认作是禁锢、折磨人的罗网。应为民"取代""忠君"，把国家与国民结合起来，是谭嗣同思想的精华所在。

谭嗣同主张建立平等的父子、夫妻关系。他从男女平等、婚姻自由的思想出发，提出男女选择爱人，都要遵循两厢情愿的原则，而不得由男方强加于女方。

在君臣、父子、夫妇、兄弟和朋友中，谭嗣同认为只有朋友之间的关系是最完美的，这种关系体现出"平等、自由、尊重主权"的精神。要破除"三纲"之害，首在铲除君臣关系。谭嗣同注意到君臣关系是"三纲"中的核心，实现了君臣关系的平等，铲除了封建专制制度，改变其他父子、夫妻的关系才有了保障。

谭嗣同对"三纲"的批判，标志着资产阶级对封建伦理道德的清算已经步入理论和系统的水平。

谭嗣同对历代统治者以及清政府所实行的专制统治进行了深刻地揭露，表现出了浓重的民主革命的色彩。谭嗣同首先从伦理上说明了

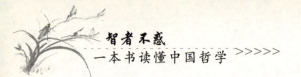

古来并无君臣，而后才有，君臣本来是平等的，君权并非是上帝授予的，借以从根本上摧毁"君权神授"、神圣不可侵犯的立论基础。他指出："起初，人类社会没有君臣之别，大家都无法治理公共的事情，因此大家推举一人做君。因为是大家推举的君，所以大家也一定可以废掉他。君，是为全体人民办事的人，而不是竭尽全体人民的生命财产供他骄奢淫逸的。"他指责秦始皇为了维护万世一姓的统治，发明了一切残酷暴虐人民的办法。而后世帝王竭力效仿，并倡导忠君思想，为君而死。但是，"人民只有为国事而死，而绝没有为君而死的道理。"因此，古代所说的"忠"是多么的愚昧呀！"忠"，即诚实的意思，怎么能只要求臣向君尽忠，而君却可以任意奴辱臣民呢？而且，历代帝王都把忠君与爱国连在一起，口口声声说"报国"，实际上民是国家的根本，报国应是为民，离开为民而谈忠，那是本末颠倒，荒谬至极。应变"忠君报国"为"为民报国"。

谭嗣同尖锐地指出中国两千年的历史，就是"秦始皇暴政"横行的历史；两千年来的帝王，都是"独夫民贼"。皇帝的权力至高无上而人民的权力全部丧失，这是中国长期以来衰弱的根本原因。他指出：国家的权力本来不是一个人的智慧和能力所能承担的，以区区一人，而担当亿万人的权力，就像是一人而到亿万人家里，代人谋划生产生活。这种情况就如同让小孩替有功夫的匠人砍木料，让侏儒像乌获（战国时的大力士）一样举起万钧之物。要是这样，这一人怎么能不断指而绝膑呢？他主张铲除封建专制制度，建立民主政治。

谭嗣同不仅抨击历代的专制统治，而且还把抨击的矛头对准了当时的清王朝。首先，他揭露了清初统治者对汉族人民的暴行，指出那些屠杀掳掠与历史上的隋炀帝等人没有什么不同。而且，他还倡导人民学习历史上的农民领袖，揭竿而起，推翻腐败统治。过去杀死君主是天大的罪过，今天，贪暴的君主，人人都可起来除掉他，这一举动本来就无所谓叛逆。而叛逆的罪名是君主为恫吓天下人民而设立的。

虽然谭嗣同的《仁学》在他壮烈牺牲后才得以发表，但他在写作中曾请朋友阅览，他的思想和精神早已为人们所传颂。

王国维的美学思想

王国维（1877 年—1927 年），字伯隅、静安，号观堂、永观，浙江海宁人，近代中国著名学者，杰出的古文字、古器物、古史地学家，诗人、文艺理论学、哲学家。

王国维家境清寒，早年屡应乡试不中，后结识"东方学社"主持人罗振玉，并在罗的资助下于 1901 年赴日本留学。

1902 年王国维因病从日本归国。后又在罗振玉推荐下执教于南通、江苏师范学校，讲授哲学、心理学、伦理学等，复埋头文学研究，开始其"独学"阶段。1906 年随罗振玉入京，任清政府学部总务司行走、图书馆编译等。其间，著《人间词话》《宋元戏曲史》等。

1911 年辛亥革命后，王国维随儿女亲家罗振玉逃居日本京都，从

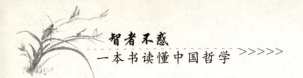

此以前清遗民处世。其时，在学术上穷究于甲骨文、金文、汉简等研究。1922年受聘北京大学国学门通讯导师。翌年，与罗振玉、杨宗羲等人应召任清逊帝溥仪"南书房行走"，食五品禄。1924年，冯玉祥发动"北京政变"，驱逐溥仪出宫。王国维引为奇耻大辱，愤而与罗振玉等前清遗老相约投金水河殉情，因阻于家人而未果。

1925年，王国维受聘任清华研究院导师，教授古史新证、尚书、说文等，与梁启超、陈寅恪、赵元任、李济被称为"五星聚奎"的清华五大导师，桃李门生、私淑弟子遍充几代中国史学界。

1927年6月，国民革命军北上时，王国维留下"经此世变，义无再辱"的遗书，投颐和园昆明湖自尽。在其50岁人生学术鼎盛之际，为国学史留下了最具悲剧色彩的"谜案"。

作为中国近代著名学者，王国维从事文史哲学数十载，是近代中国最早运用西方哲学、美学、文学观点和方法剖析评论中国古典文学的开风气者，又是中国史学史上将历史学与考古学相结合的开创者，确立了较系统的近代标准和方法。这位集史学家、文学家、美学家、考古学家、词学家、金石学家和翻译理论家于一身的学者，生平著述62种，批校的古籍逾200种。

王国维被誉为"中国近三百年来学术的结束人，最近八十年来学术的开创者"。梁启超赞其"不独为中国所有而为全世界之所有之学人"，而郭沫若先生则评价他"留给我们的是他知识的产物，那好像一座崔嵬的楼阁，在几千年的旧学城垒上，灿然放出了一段异样的光辉"。

王国维是近代第一个试图把西方美学、文学理论融于中国传统美学和文学理论中，构成新的美学和文学理论体系。从某种意义上说，他既集中国古典美学和文学理论之大成，又开中国现代美学和文学理论之先河。在中国美学和文学思想史上，他是从古代向现代过渡的桥梁，起到了承上启下、继往开来的作用。

"境界"说是《人间词话》的核心，统领其他论点，又是全书的脉络，沟通全部主张。

王国维不仅把它视为创作原则，也把它当作批评标准，论断诗词的演变，评价词人的得失，作品的优劣，词品的高低，均从"境界"出发。因此，"境界"说既是王国维文艺批评的出发点，又是其文艺思想的总归宿。

而其美学观点，一方面受叔本华的影响，另一方面又有所突破。王国维的"无我之境"和"以物观物"直接承继了叔本华的哲学观点。而其"词人者，不失其赤子之心者也。故生于深宫之中，长于妇人之手，是后主为人君所短处，亦即为词人所长处。" "主观之诗人，不必多阅世。阅世愈浅，则性情愈真，李后主是也。"这源于叔本华的天才论。但《人间词话》并没有陷入这种境地而不能自拔。王国维区分了两种境界，与叔本华不同的是，他没有贬低常人的境界，相反还十分看重，认为"故其入于人者至深，而行于世也尤广。"王国维一面推重"主观之诗人，不必多阅世"，一面又推重"客观之诗人，不可不多阅世"。这与叔本华只强调天才具有赤子之心不一样。

此外，叔本华讲天才强调智力，王国维则强调感情。"能写真景物，真感情者，谓之有境界。"

在诗人与现实的关系上，王国维主张："诗人对宇宙人生，须入乎其内，又须出乎其外，入乎其内，故能写之；出乎其外，故能观之。入乎其内，故有生气；出乎其外，故有高致。" "诗人必有轻视外物之

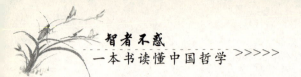

意，故能以奴仆命风月，又必有重视外物之意，故能与花鸟共忧乐。"
这显然透显出朴素的唯物主义因素和辩证法智慧。从理论上说，"境界"所要求的正与以形象反映现实的艺术规律相通；既要入乎其内，又要出乎其外；既要有轻视外物之意，又要有重视外物之意，这与作家必须深入生活，又要高出生活的创作要求相一致。

王国维的哲学研究在于寻求人生问题的解决之道，具体说来是寻找欲望的解脱之方，但总的说来，他是因疑惑始、以怀疑终，没有最后寻求到人生宇宙问题的最终解决方案，而满足于文学美术给予人的暂时的安宁。

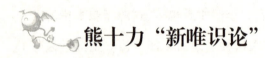

熊十力"新唯识论"

熊十力（1885年—1968年），著名哲学家，新儒家开山祖师，国学大师，原名继智、升恒、定中，号子真、逸翁，晚年号漆园老人，湖北黄冈人。

熊十力自幼即与众不同，独具才思而又非常自尊、自信。他曾口出"狂言"道："举头天外望，无我这般人。"令其父兄诧异不已。十六七岁时，他即四处游学，当他最先读到陈白沙的"禽兽说"时，忽起神解，"顿悟血气之躯非我也，只此心此理，方是真我。"并从中领悟到人生之意义与价值——绝非是趋利避害、去苦就乐等外在满足，而在领悟人生之意义与价值，体识至大至刚之"真我"，以合于天地万物之理。这一觉悟基本上奠定了他以后的治学方向。

熊十力14岁从军，辛亥革命时期，熊十力痛感清王朝政治腐朽，民族危机深重，常以范仲淹"先天下之忧而忧"一语置诸座右而自警。在博览群书的过程中，他深迷于"格致启蒙"之类著作，而视六经诸子为圭臬。且深受明清之际王船山、黄梨洲、顾亭林等大哲之著作以及清末严几道、梁启超、谭嗣同等维新志士之论著的影响，而"慨然有革命之志"，决心为反清而奔走呼号。

1902年，熊氏为策动军队而投湖北新军第三十一标当兵，白天操练，夜间读书，并向报馆投稿，倡导革新现实，救亡图存。此间，他逐渐认识了宋教仁、吕大森、刘静庵、张难先等革命志士，并在1904年共同创建第一个革命团体——科学补习所，秘密宣讲革命思想，倡导反帝反清，救国救民。1906年，熊十力加入日知会，并组织黄冈军学界讲习社，联络各方志士，为发动起义作准备，后因事泄而遭清廷通缉，他只好潜归乡里教书。1911年，他参加了震惊中外的武昌起义，并任湖北督军府参谋。辛亥革命失败后，他又追随孙中山参加护法运动。但由于军阀政客的排挤，孙中山后来被迫离开军政府，护法运动亦宣告失败，这给熊十力以很大打击。从此决然脱离政界，专心于"求己之学"，以增进国民的道德为己任。这是他一生中最重大的转折。

其后，熊十力先后在武昌文华大学、天津南开中学、北京大学、浙江大学任教。从1918—1932年，熊十力的思想经历两次关键的转变：一是完成了其学术修养上的提高和哲学思维上的训练。在这一阶

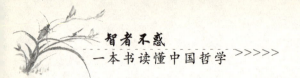

段，熊十力不仅阅读了佛家的诸多理论著作，对佛教理论有了系统的了解，而且在逻辑思维语言表达治学理念等方面逐步得到完善；二是完成了由对法相唯识学的服膺到宗于儒学传统的转变。此一转变是熊十力内心的自觉，是熊十力生命性格的必然。

熊十力先生一生著有《新唯识论》《原儒》《体用论》《明心篇》《佛教名相通释》《乾坤衍》等书。其学说影响深远，在哲学界自成一体，"熊学"研究者也遍及全国和海外，《大英百科全书》称"熊十力与冯友兰为中国当代哲学之杰出人物"。熊十力面对西学的冲击，在儒学价值系统崩坏的时代，重建儒学，是新儒家的实际开山人物。

熊十力主要的哲学观点是：体用不二、心物不二、能质不二、天人不二。他所谓"体"是"心体""性体"，即人的生命存在的本体、宇宙万物之本根及其生生不息的源头活水，在一定意义上也是道德的本体和道德的主体。所谓"体用不二"，也就是肯定生命的意义和人生的价值，是为了在物欲横流的世界重新寻找"人生本质"和"宇宙本体"。熊十力认为，吾人与天地万物所同具的仁心本体，内蕴着极大的力量，可以创造出、生化出整个人文世界。他高扬了仁心本体刚健、创生的特质，实际上是以积极的人生态度、生命意识和人本精神去面对世界，创造世界，同时又主张不被人们创造出来的物质世界和人文建制所异化、所遮蔽，以致忘却、沦丧了人之所以为人的根基。

熊十力是我国现代哲学史上最具有原创力、影响力的哲学家。他奠定了现代新儒学思潮的哲学形上学基础。他的"体用不二"之论，成为整个当代新儒学思潮"重立大本、重开大用"和"保内圣，开新外王"的滥觞，亦成为这一思潮的基本思想构架。熊十力的全部工作，简要地说，就是面对西学的冲击，在儒学价值系统崩坏的时代，重建儒学的本体论，重建人的道德自我，重建中国文化的主体性。他的学生唐君毅、牟宗三、徐复观正是在他的精神感召之下，沿着他开创的精神方向和他奠立的形上基础而加以发挥、扩展、深化、扬弃的。

贺麟的"新心学"

贺麟（1902 年—1992 年），四川省金堂县人，著名哲学家、哲学史家、黑格尔研究专家。早在 20 世纪 40 年代，贺麟就建立了"新心学"思想体系，成为中国现代新儒家思潮中声名卓著的重镇。

贺麟的"新心学"是在总结中国现代新儒家哲学思潮的发展过程的基础上产生的，是陆王心学与新黑格尔主义融合的产物，在批判吸收前人思想，洋为中用、古为今用的基础上，提出了许多新的心学思想。

贺麟以心的实在性来规定宇宙万物的实在性，他从心出发，以主体逻辑心的实在性否定了宇宙万物的客观实在性，这是标准的唯心主义观点，但是在处理心物关系上，贺麟是十分谨慎的，他认为，"心物是不可分的整体，为方便计，分开来说，则灵明能思者为心，延扩有形者为物，据此界说，则心物永远平行而为实体的两面，心事主宰部分，物是工具部分。"在这里，他将"心"和"物"看成是平行的，

这明显是受斯宾诺莎（实体属性）的影响，但是他并没有完全照着斯宾诺莎的路子走下去，而是走向了他的反面——唯心主义。

贺麟还进一步借用了体用概念来解释心物关系（心体物用）。"合理而言实在"主要是从心引申到理。

整体而言，贺麟的新心学试图将程朱理学和陆王心学调和起来，他强调心学即理学，他认为"理是万物经验事物中的规则、尺度，又是经验之心"，这样理就成为了心的一部分，是心的"灵明的部分，是心的本质"，"心之有理，犹如刃之有利"。

贺麟的心即理在形式上继承了中国心学的命题，但是他的论证完全采取了康德式的方法。在贺麟那里心被分为两个部分：心理意义上的心和逻辑意义上的心，心理意义上的心就是经验上的事实，即康德的"现象"，用宋明的术语说就是"已发"；逻辑意义上的心是超经验的精神原则，是经验的统摄者、行为的主宰者、知识的组织者、价值的评判者，即康德的"理性"，用宋明的话说是"未发"。未发为已发之体，逻辑为心理之体。

贺麟还承袭了康德的主观唯心主义时空观，他说："我认为大体上我们必须接受康德的不朽见解，自己加以补充和发挥。"新心学的补充和发挥就在于不是像康德那样仅仅把时空理解为感性的直观的形式，而是将时空提高到了"理"的地位上，并一道和"心外无理""心外无物"结合起来，这样，贺麟就通过其唯心时空观将事物的客观性完全消解了，将其主观唯心主义原则贯彻到整个宇宙，将事物的规定性完全统一于心中的"理"内，从而得出"心外无物""理外无物"的结论。

冯友兰的"新理学"

冯友兰（1895年—1990年），字芝生，河南唐河人。1912年入上海中国公学大学预科班，1915年入北京大学文科中国哲学门，1919年赴美留学，1924年获哥伦比亚大学博士学位。回国后历任中州大学、广东大学、燕京大学教授、清华大学文学院院长兼哲学系主任。抗战期间，任西南联大哲学系教授兼文学院院长。1946年赴美任客座教授。1948年年末—1949年年初，任清华大学校务会议主席，曾获美国普林斯顿大学、印度德里大学、美国哥伦比亚大学名誉文学博士。1952年后一直为北京大学哲学系教授。

1923年夏，冯友兰以《人生理想之比较研究》（又名《天人损益论》）顺利通过美国哥伦比亚大学博士毕业答辩，获哲学博士学位。1924年写成《人生哲学》，作为高中教材之用，在这本书中，冯友兰确立了其新实在主义的哲学信仰，并开始把新实在主义同程朱理学的结合。在燕京大学任教期间，冯友兰讲授中国哲学史，分别于1931年、1934年完成《中国哲学史》上、下册，后作为大学教材，为中国哲学史的学科建设做出了重大贡献。

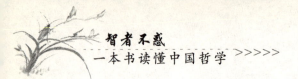

从 1939—1946 年，冯友兰连续出版了六本书，称为"贞元六书"：《新理学》《新世训》《新事论》《新原人》《新原道》《新知言》。通过"贞元六书"，冯友兰创立了新理学思想体系，使他成为中国当时影响最大的哲学家。

新中国成立后，冯友兰放弃其新理学体系，接受马克思主义，开始以马克思主义为指导研究中国哲学史。著有《中国哲学史新编》等书。

冯友兰先生及其新理学体系在现代新儒家中占很重要的地位，他所思考、提出的问题至今仍然触动着我们的神经。照冯友兰自己的讲法，他的"新理学"体系是"接着"程朱理学讲的，这无疑是为重建传统儒学的形上系统所作的努力。当时西方有这样的思潮，就是对旧的形上学的拒斥，分析学派即是其一。冯友兰采用了分析学派的逻辑分析方法，但他反对完全不讲形上学。他认为真正的、好的形上学是不容拒斥的。所谓真正的、好的形上学是"不着实际"的，是对逻辑的、形式的观念之"真际"的纯思。"实际"是我们经验的事实世界，"真际"是我们对事实世界作逻辑的分析、总括的解释所得的观念世界。真正的形上学是或主要是关于"真际"的解说，它不能增加我们对"实际"的了解与知识，但可以提高我们的人生境界。把哲学落实到人生境界的提高上，确实是冯友兰的创见，也表现了他对传统哲学的深刻理解。

参 考 文 献

[1] 江心力. 一本书读懂中国哲学史[M]. 北京：中华书局，2010.

[2] 冯友兰. 中国哲学简史[M]. 北京：北京大学出版社，2010.

[3] 胡适. 中国哲学史大纲[M]. 北京：商务印书馆，2011.

[4] 中华书局编辑部. 中国人应知的国学常识[M]. 北京：中华书局，2010.

[5] 辜正坤. 中西文化比较导论[M]. 北京：北京大学出版社，2007.

[6] 葛兆光. 古代中国文化讲义[M]. 上海：复旦大学出版社，2012.

[7] 钱穆. 中国思想史[M]. 北京：九州出版社，2012.

[8] 游国恩. 中国文学史[M]. 北京：人民文学出版社，2002.

[9] 吕思勉. 先秦史[M]. 北京：中国友谊出版公司，2009.

后 记

　　本系列图书以轻松活泼的语言，分十个专题介绍中国古代的历史文化，内容丰富，引人入胜，是一套理想的传统文化普及读物。本系列图书的编写和出版，离不开中国财富出版社领导的大力支持和编辑同志的辛勤工作，在此，谨向社领导和编辑同志表示由衷的感谢！

　　在本书的编写过程中，我们参考了大量的相关文献资料，引用了许多专家学者的著作和观点，我们已经征求了部分作者的同意并支付了稿酬，但其中一些资料来自互联网和一些非正式出版物，无法联系到原作者，敬请作者见书后及时与此邮箱联系：724176693@qq.com，我们将按照国家有关规定支付稿酬并寄送样书。